유튜브 시대에
문화는 어떻게 기억되는가

유튜브 시대에
문화는 어떻게 기억되는가

초판 인쇄 · 2023년 1월 20일
초판 발행 · 2023년 1월 27일

지은이 · 서영호
펴낸이 · 한봉숙
펴낸곳 · 푸른사상사

주간 · 맹문재 | 편집 · 지순이 | 교정 · 김수란, 노현정 | 마케팅 · 한정규
등록 · 1999년 7월 8일 제2-2876호
주소 · 경기도 파주시 회동길 337-16(서패동 470-6)
대표전화 · 031) 955-9111(2) | 팩시밀리 · 031) 955-9114
이메일 · prun21c@hanmail.net
홈페이지 · http://www.prun21c.com

ISBN 979-11-308-2010-1   93300
값 24,000원

이 도서는 한국출판문화산업진흥원의 '2022년 중소출판사 출판콘텐츠 창작 지원
사업'의 일환으로 국민체육진흥기금을 지원받아 제작되었습니다.

문화콘텐츠총서 19

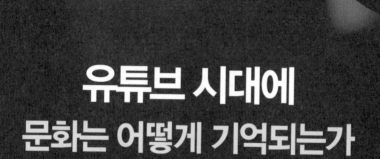

유튜브 시대에
문화는 어떻게 기억되는가

서영호

푸른사상
PRUNSASANG

2000년대 이래 문화는 당대의 독자적 감각과 시대정신을 구축하기보다 옛 영광을 재활용하는 데 더 치중하는 모습이다. 가수들은 새 곡을 내기보다 옛 곡을 새로 부르고, 방송은 자꾸 옛 노래를 재발견하려 들고 '전설'의 가수를 소환한다. 드라마나 영화는 옛 시대를 그늘은 제거한 채 낭만 가득한 모습으로 되살리며 응답하라고 호출한다. 패션은 원래 돌고 돈다지만 근 10년간은 주로 90년대에 꽂혀 있는 듯하다. 옛 가구, 게임, 장난감, 상표, 소품들이 '힙한' 어떤 것으로 각광받는다. 문화 산업은 과거를 팔아 연명하고 있다. 그리고 추억이나 향수에 편승한 이 '과거 되새김질' 문화 현상의 근저에 자리하고 있는 것은 우리의 기억(memory)이다.

기억은 역사와 더불어 과거를 추적하는 방식이다. 역사가 거시적이고 총체적이며 이미 판정 내려진 고정된 명제의 모습이라면 기억은 불안정하고 파편적이지만 사적이고 친밀해 주체와 더 결부된 느낌이다. 기억은 그러므로 구체적 삶의 서사이자 현존의 모습이다. 존재는 기억들로 입증되기에 기억이 바뀌면 그 림자도 바뀐다. 또 '무엇을 어떻게 기억하는가'가 곧 '무엇을 어 떻게 알고 있는가'를 결정한다는 측면에서 기억은 곧 세계 인식 의 기제이다. 인류는 자신이 마땅히 기억해야 한다고 생각하는 것을 기려 전승하기에 기억이 곧 문화를 이룬다.

우리가 이토록 과거에 집착하는 것은 문화가 더 이상 새로운 것을 만들어낼 동력을 잃었기 때문일까, 아니면 암울한 현재와 희망 없는 미래로부터의 도피인 것일까? 선후 관계야 어찌 됐건 지나간 것에서 즐거움을 찾으려는 이 문화 현상을 떠받치고 있 는 중심에는 분명 유튜브가 있다. 유튜브는 디지털에 힘입은 기 록 기술이 인터넷과 만나 만개한 지점에 있다. 이제 사소한 것 이든 중요한 것이든 기록하고 싶은 모든 순간은 간편하게 촬영 되거나 다른 미디어에서 재활용되어 유튜브에 올라가고 그것은 임의로 삭제되지 않는 이상 영원한 존속을 보장받는다. 유튜브 는 인류의 방대한 기억 창고가 되었다.

기억 문제와 관련하여 주목할 점은 유튜브가 이미 레트로나 뉴트로를 위한 참고 자료실의 기능을 넘어섰다는 점이다. 유튜 브의 미디어 경험은 자료의 출납과 열람 그 자체만으로도 메시 지를 재맥락화한다. 나아가 인용이나 발췌의 층위를 넘어선 보 다 능동적인 사용자들의 실천에 의해 과거는 착오와 착각, 윤색 과 각색, 강조와 배제가 뒤엉킨 회상과 망각의 집단회로를 거쳐 재현되고 기억은 재구성된다. 기억의 생성과 삭제가 간편한 기록 과잉의 유튜브에서 기억은 범람하고 망각되며 왜곡된다.

이제 유튜브의 미디어 상상력은 심지어 여러 시대의 회상 오브제를 이리저리 뒤섞어 정체불명의 과거를 만들며 '한 번도 경험해보지 못한 것에 대한 향수'까지 불러일으킨다. 유튜브가 디지털 시대를 연 것은 아니지만 유튜브의 등장으로 디지털 시대의 기억 양상은 가장 역동적인 상황을 맞는다. 기억 유희의 장, 기억 놀이터가 된 유튜브에서 일상의 문화적 실천은 우리가 무엇을 어떻게 기억하도록 하는가? 문제의식은 여기서 시작한다.

이 책은 곧 디지털 시대 기억 공간의 총아로서 유튜브의 문제를 다룬 것이다. 이른바 '유튜브 시대'는 변화한 기억 환경에 대한 전제이고, '어떻게'는 기억 양상에 대한 물음이다. '문화'는 기억이 곧 우리 삶의 모든 영역에 간섭하고 있음을 뜻한다.

이 문제의 답을 얻기 위한 과정에서 우리는 먼저 기억에 관한 기존의 논의들을 다루게 될 것이다. 즉 기억은 재생되는 것이 아니라 재구성되는 능동적 과정이라는 것, 사회의 구성원으로서 함께 기억한다는 것 — 집단기억, 문화 그리고 문화적 실천과 집단기억 — 문화기억론, 기록보관소의 문제 등이 그것이다. 그리고 대중음악을 유튜브 문화기억의 구체적 양상을 살피는 중심 사례로 삼을 것이다.

이 책의 이론적 토대는 알박스의 집단기억론과 그로부터 전개된 아스만의 문화기억론으로부터 출발한다. 하지만 변화한 기억 환경에서 유튜브의 기억 탐구를 위해서는 동시에 아스만 문화기억론의 응용과 확장이 필요했다. 다행히 '디지털 기억'에서 기억 패러다임 변화의 필요성에 공감하는 비교적 최근 연구 성과들의 도움을 받아 유튜브의 기억 메커니즘을 밝히는 데 필요한 전제들을 구상할 수 있었다.

미진한 연구에 격려와 조언을 주시는 김정우 교수님과 홍성규 교수님께 감사의 말씀을 드린다.

2023년 1월

서영호

차례 ▶ ▶ ▶

제1장

문화기억 논의에 대한 몇 가지 전제

문화기억 논의에 대한 몇 가지 전제

사전적 의미의 기억은 인간이 경험한 것을 특정 형태로 저장하였다가 나중에 재생 또는 재구성하는 현상으로 저장, 보존, 회상 등의 과정을 통해 인상, 지각, 관념 등을 불러일으키는 정신 기능의 총칭을 말한다. 이러한 기억의 기능을 통해 인간은 존재의 연속성을 확인하고 이는 정체성의 형성과 자각에 주요하게 작용한다. 하지만 모리스 알박스(Morris Halbwachs)는 비록 기억의 주체는 개인이지만 결국 개인들은 사회집단의 한 구성원으로만 기억하고 있다는 점을 강조하며[1] '집단기억(collective memory)'의 개념을 제시함으로써 기억의 사회적 성격에 관한

---

1 윤택림, 『새로운 역사 쓰기를 위한 구술사 연구방법론』, 아르케, 2006, 63쪽.

논의가 시작되었다.[2]

문화기억은 알박스의 집단기억 개념을 확대 계승한 얀 아스만과 알라이다 아스만이 제시한 개념이다. 알박스의 집단기억이 기억을 공유하는 단일 집단과 그들의 정체성 문제에 초점을 맞춘다면 문화기억은 '문화적 실천'을 통한 재현에 의해 기억이 보존, 전승, 강화되며 그에 따른 사회, 문화적인 의미를 획득해가는 과정에 주목한다. 또 문화기억은 사회 내 소통되는 다양한 기억 형태들을 포괄하는 보다 유연한 개념으로 설정되고 과거 사실에 대한 인간기억의 외재화, 물화된 차원으로 폭넓게 정의된다.[3]

상술한 것처럼 기억은 그것을 공유하는 집단의 공통된 인식으로 기능하는데 이를 위해 '문화적 형식'으로서 외재화 혹은 물화된 매개체를 필요로 하며 이 논의는 곧 '기억장치로서의 미디어'에 관한 것으로 귀결된다. 즉 과거에 대한 경험과 그 증인들은 결국 사라지므로 과거의 의미가 지속되고 전승되기 위해서는 집단기억의 담지체로서 상징물, 텍스트, 그림, 영화, 의

---

2 물론 기억문화에 대한 연구들이 순수한 개인적 경험 차원에서 생겨난 기억의 영역을 부정하는 것은 아니다. 사회적 기억에 대한 논의는 기억의 성격 중 '문화, 사회적으로 형성된 기억'의 의미에 집중하는 문화학 논의로 인간 기억의 흥미로운 지점에 주목한 것이다. 따라서 아스만에 의해 제시된 'cultural memory'는 의미상 '문화적 기억'으로 직역되나 이 글에서는 '문화기억'으로 통일 표기한다.

3 강경래, 『미디어와 문화기억』, 커뮤니케이션북스, 2018, 2쪽.

례, 기념비, 장소 등의 미디어를 필요로 한다.

문자는 집단의 기억을 물질적으로 고정할 수 있는 가장 오래고 강력한 미디어였으며, 20세기에 등장한 사진과 영화는 기억의 시각화라는 측면에서 그 미디어적 특성을 따라 또 다른 방식으로 문화기억의 틀로 기능해왔다. 하지만 21세기의 디지털 시대로의 전환은 미디어를 통한 기억환경의 급격한 변화를 가져왔다.

한편 얀 아스만, 그리고 그의 논의를 확장 계승한 알라이다 아스만의 문화기억 개념은 1992년 알라이다 아스만의 주 저서인 『기억의 공간』을 통해 정리되었다. 하지만 『기억의 공간』은 디지털 환경의 지배가 일상화되기 이전까지의 이야기에 주력하고 있어 문화기억의 공간으로서의 디지털 미디어에 대해서는 자세히 다루지 못하였다. 이후 2000년대 이래의 디지털 미디어 환경에서의 문화기억에 관한 연구들은 대부분 알박스의 집단기억 개념을 모체로 얀 아스만과 알라이다 아스만의 문화기억론을 디지털 환경에 적용하여 그 양상을 살펴려는 시도가 많다.

디지털 미디어는 디지털 단말장치와 인터넷이라는 두 가지 큰 축으로 이루어진다. 특히 인터넷은 항시적이고 즉각적인 접근성, 정보의 전송·저장과 가공의 용이성, 그리고 이 정보를 매개로 한 사람들 사이의 소통 등으로 인해 디지털 시대의 복잡다기한 기억 구성 양상이 드러나는 공간이다. 이에 디지털 기억 양상에 대한 사례 연구들은 '디지털 네트워크 미디어'라 규정될 수 있는 인터넷 공간에 주목하며 특히 사람들 사이의 상호 소통을 중심으로 구축되는 소셜미디어에서의 기억의 양상을 다루고 있다. 이는 곧 양방향 상호 소통의 가능성이 기억 장치로서 인터넷의 가장 주요한 특징이기 때문이기도 하다. 따라서 이러한 연구들은 이 특징이 잘 드러나는 트위터나 페이스북 같은 SNS를 중심으로 어떻게 새로운 형태의 집단기억이 작동하는지 밝히고 있으며 여기서 사용자들의 능동적 실천 행위는 곧 디지털 시대의 기억 구성을 특징 짓는 주요한 요인으로 지목된다.

다양한 SNS가 사람들 사이에서 강력한 소통의 도구로 활용되고 있지만, 최근 가장 강력한 위치를 점유한 것은 '유튜브'이다. 그런데 오늘날 생산과 소비를 아우르는 사용자의 문화적 실천이 가장 적극적으로 왕성하게 일어나고 있는 '유튜브'에서의 집단기억 양상을 다룬 작업은 많지 않다. 이것은 유튜브가 2005년 서비스를 시작한 이래 이제 15년 정도의 역사밖에 지니지 못했으며 사용자 중심의 플랫폼으로서 사용자의 실천에 따라 플랫폼의 양상이 유동적으로 변화해왔기 때문이기도 하다.

하지만 오늘날 유튜브는 오락 미디어로서는 물론 정보와 지식 습득의 경로이자 언론 채널로서도 중요한 미디어로 부상하고 있어 기성 주류 미디어마저 유튜브에 편입되고 그 주도권이 이동하는 등 유튜브의 위상은 이미 압도적인 상황에 이르렀다. 특히 오늘날 인간이 자신의 추억과 경험의 기록을 유튜브에 무차별 저장함에 따라 인류의 기억 자원은 엄청나게 방대해졌으며 이 기억 자료의 유통과 활용은 다양한 기억의 재구성을 가능하게 한다. 따라서 이 글에서는 디지털 시대 문화적 실천의 양상을 살피기에 적합한 총아로서 온라인 공간의 유튜브를 주목한다.

오늘날 개인들의 문화적 실천의 중심은 많은 부분이 온라인 공간으로 옮겨갔으며 이는 음악 분야에서도 마찬가지이다. 그리고 그중에서 유튜브는 단연 지배적인 음악적 실천의 장이다. 이제 공연을 보거나 음악을 감상하는 등의 경험은 물론 음악과 음악가에 대해 이야기-비평하거나, 좋아하는 것을 모아서 타인에게 소개하거나 추천하고, 좋아하는 가수나 노래를 흉내내거나 따라 부르고 악기로 연주해보는 등의 다양한 영역에 있어서도 디지털 기술에 의한 새로운 미디어 환경은 온라인 공간에서의 음악적 실천을 가능하게 하였다. 그중의 일부가 이미 블로그, SNS 등 온라인 공간에서의 글쓰기와 간략한 영상 첨부 등을 통해 이루어지고 있었으나 동영상 플랫폼이라는 유튜브의 등장은 또 다른 양상을 가능하게 하였다.

게다가 음악이라는 장르는 유튜브에서의 문화 관련 분야 가운데서도 가장 활발한 실천이 일어나고 있는 영역이다. 음악은 유튜브 전체 콘텐츠에서 조회수를 기준으로 엔터테인먼트에 이어 두 번째로 가장 많은 부분을 차지하고 있다.[4] 그리고 엔터테인먼트 부문에 다시 음악 관련 콘텐츠가 혼재되어 있음을 고려할 때 결국 음악콘텐츠는 유튜브에서 단독 장르로는 가장 주요한 카테고리라 할 수 있으며 따라서 유튜브에서의 문화적 실천 양상을 살필 대표 장르라 할 수 있다. 결국 가사를 포함하는 대중음악(노래)과 이를 소재로 한 유튜브의 콘텐츠는 문학적, 영상적, 음악적 요소를 함께 가지고 있으므로 대중문화의 대표 표본으로 삼을 만하다.

그러므로 대중음악 콘텐츠를 유튜브상의 다양한 문화콘텐츠 장르 중 하나의 표본집단적 성격으로 상정할 수 있으며, 이러한 설정은 곧 대중음악 콘텐츠라는 표본집단에서 나타나는 문화기억의 양상이 유튜브상의 제 영역에서 나타나는 문화적 경험과 그에 의한 문화기억의 양상을 가늠하게 해줄 수 있기에, 이는 곧 디지털 시대 온라인 공간에서 문화기억의 일면을 대표해줄 수 있으리라는 전제를 안고 있다. 그러므로 이 글에서는 사용자들의 적극적 문화 실천의 장이자 기억의 저장고로서 오늘날 유튜브의 성격과 미디어로서의 위상을 전제로, 디지털 시

---

4 『매거진 B : YouTube』83호, 2020, 145쪽.
   여기서 엔터테인먼트 카테고리는 예능, 장난감 리뷰 등은 물론 게임, 음악, 브이로그, ASMR, 코미디 등 다양한 콘텐츠가 혼재해 있는 분야를 말한다. 유튜브에서 음악콘텐츠의 위상에 대한 보다 다양한 통계는 3장에서 제시한다.

대 온라인 공간에서의 집단기억의 양상을 살피기 위해 유튜브 대중음악 콘텐츠와 이를 통해 구성되는 문화기억의 양상에 주목하고자 한다.

한편 다음의 연구들에서는 이 글과 관련된 논의를 찾아볼 수 있다. 이 글의 기본적 전제라 할 수 있는 기억의 사회적 성격에 대한 핵심 개념으로 사용되고 있는 '집단기억'에 관한 논의는 그 개념을 제시한 알박스의 1925년 연구가[5] 기본이 된다. 알박스의 연구에서 집단기억의 개념은 물론 기억 구성을 위한 장치로 이미 '사회적 틀'이라는 개념이 제시되고 있으며 이것은 곧 이후 기억장치로서의 미디어에 대한 논의로 연결된다. 알박스의 연구에 대해 비교적 자세히 다룬 국내의 연구로는 김영범의 작업[6]이 있다.

얀 아스만과 알라이다 아스만의 연구들[7]은 집단기억 개념에

---

5 Maurice Halbwachs, "The Social frameworks of memory", *On collective memory*, University of Chicago Press, 2020.

6 김영범, 「알박스(Maurice Halbwachs)의 기억사회학 연구」, 『사회과학연구』 Vol.6, No.3, 대구대학교사회과학연구소, 1999, 557~594쪽.

7 Jan Assmann and John Czaplicka, "Collective memory and cultural identity", *New german critique* No.65, 1995, pp.125~133.
알라이다 아스만, 『기억의 공간』, 변학수 · 채연숙 역, 그린비, 2018.
Aleida Assmann, "Texts, traces, trash: The changing media of cultural memory", *Representations* 56, 1996, pp.123~134.
Jan Assmann, "Communicative and cultural memory", *Cultural memories*, Springer, Dordrecht, 2011. pp.15~27.

서 문화적 실천을 강조함으로써 문화기억의 개념을 제시한다. 이 중 알라이다 아스만의 『기억의 공간』은 문화기억론의 정립에 기여한 주요 참고문헌이라 할 수 있다. 1992년 발표된 이 연구는 이후 알라이다 아스만 본인에 의해서, 그리고 다른 논의들에 의해서 조금씩 수정되고 있다. 국내에서 얀 아스만의 문화기억 논의를 풀이한 것은 김학이의 2005년 연구[8]가 주요하다.

문화기억과 관련한 국내의 개론적 논의로는 다양한 기억 문화의 요체를 소개하는 태지호의 작업[9]에서 문화기억에 관한 내용을 포함하고 있으며, 미디어별 문화기억 구성의 양상을 개괄하는 논의로 강경래의 연구[10]가 있다.

이 외에 집단기억 개념을 모체로 하지만 과거의 현재적 의미화를 위해 정치적 실천 등 또 다른 접근방식을 보이는 것들로 노라(Pierre Nora)의 '기억의 장소' 논의[11]와 푸코(Michel Foucault)의 대중기억에 관한 논의[12] 등이 있다.

---

8 김학이, 「얀 아스만의 '문화기억'」, 『서양사 연구』 제33집, 한국서양사연구회, 2005, 227~258쪽.

9 태지호, 『기억 문화 연구』, 커뮤니케이션북스, 2014.

10 강경래, 앞의 책.

11 Pierre Nora, *Les lieux de memoir*, 1984. A. Goldhammer(Trans.), *Realms of memory*, New York: Columbia University Press, 1996.

12 Michel Foucault, *Language, counter-memory, practice*, New York: Cornell University, 1977.

'디지털 시대의 기억문화'에 관한 연구는 아직 정전이라고 할 만한 것이 없어 보이며 몇몇 주요 연구자들의 논의가 지배적으로 언급되고 있는 가운데 이를 관련 논문집들에서 논의를 찾아볼 수 있다. 나이저(Motti Neiger) 외 다수가 편저한 논문집[13]은 '뉴미디어 시대의 집단기억'을 제목으로 관련 논문을 모아 놓은 것이다. 또한 에를(Astrid Erll)이 편저한 논문집[14]의 일부에서 관련 내용이 보이며, 에를 자신의 2009년 연구[15]는 오늘날 문화기억의 구성에 있어 중요하게 작용하는 기억의 매개와 재매개에 대해 다룬다. 반 디크(José Van Dijck)의 작업[16] 역시 매개된 기억을 디지털 시대 기억의 핵심으로 파악한 관련 연구이다. 국내에서는 관련 연구가 드문 가운데 인터넷 공간에서의 기억 문제에 대한 김수환의 통찰[17]이 인상적이다.

기억의 공간으로서 유튜브를 다룬 것으로는 국내에서는 관련 연구가 전무하며 해외에서는 유튜브를 아카이브나 문화기

---

13 Motti Neiger, et al.(Eds), *On media memory: Collective memory in a new media age*, Springer, 2011.

14 Astrid Erll and A. Nünning(Eds), *Cultural memory studies: An international and interdisciplinary handbook*, Berlin: Walter de Gruyter, 2008.

15 Astrid Erll, *Mediation, remediation and the dynamics of cultural memory*, Berlin: Walter de Gruyter, 2009.

16 José Van Dijck, *Mediated memories in the digital age*, Stanford University Press, 2007.

17 김수환, 「텍스트, 흔적, 인터넷 : 디지털 매체 시대의 문화기억」, 『기호학 연구』 28, 2010, 323~344쪽.

억의 장으로 다룬 연구가 얼마간 발견된다. 먼저 힐더브랜드
(Lucas Hilderbrand)의 연구는[18] 유튜브를 '문화기억과 저작권이 수
렴하는 곳'이라 명명한 것에서 보이는 것처럼 이 연구와 일맥
상통하지만, 그가 다루고 있는 문화기억 공간으로서의 유튜브
는 문화기억에 관한 아스만 등 학계의 이론적 근거와는 거리가
있으며 문화기억이라는 표현을 수사적으로만 취하고 있어 피
상적 대상으로 설명하는 데에 그치고 있다. 다음 겔(Robert Gehl)
의 연구는[19] 유튜브를 일정한 기준을 갖춘 정보 분류 체계가 적
용되지 않은 기록보관소 — 아카이브로 보고 이러한 특성을 야
기하는 속성들을 논한다는 점에서 참고할 만하다.

요컨대 문화기억이란 문화적 실천을 통해 '현재적으로 의미
화'한 기억이다. 이 문화적 실천을 통해 과거는 현재 사회의 관
점 — 당대 집단의 가치, 규범체계, 태도 등 — 에서 의미화되
고 현재성을 부여받기에 문화기억은 본질적으로 고정된 것이
아니라 재구성적인 성격을 띠며 주관적이고 가변적이다. 따라
서 이 글에서는 '유튜브 공간에서의 대중음악의 문화기억'을
살피기 위해 기억 공간으로서의 유튜브, 유튜브 공간에서 대중

---

18 Lucas Hilderbrand, "YouTube: Where cultural memory and copyright converge", *Film Quarterly* 61.1, 2007, pp.48~57.

19 Robert Gehl, "YouTube as archive: Who will curate this digital Wunderkammer?", *International journal of cultural studies*, 2009, pp.43~60.

음악 콘텐츠를 통한 향유자들의 문화적 경험[20] 양상, 그리고 이를 통해 형성된 문화기억의 양상을 확인할 대중음악 콘텐츠 사례를 논의의 대상으로 삼는다. 한편 여기서 지칭하는 '대중음악의 문화기억'에 관해서는 대중음악과 문화기억 사이의 관계와 구체적인 의미에 대한 보다 상세한 논의가 필요하며 2장에서 후술한다.

대중음악 콘텐츠 향유와 이를 위시한 제 현상을 문화기억의 관점에서 다루는 이 작업은 특히 유튜브 사용자로서 '향유자'와 이들의 문화적 실천을 포함한 경험에 주목함에 여기서 '향유자'에 관해서는 다음과 같은 부연한다. 이 글에서는 디지털 공간에서 콘텐츠의 생산과 소비를 아우르는 프로슈머로서 유튜브 사용자를 향유자라 지칭한다. 향유자는 기존의 '마음껏 누리는 자'라는 사전적 의미에서 이미 능동적 의미의 가능성을 가지고 있기에 그 의미를 확장하여 적용하고자 하며 프로슈머나 생비자(생산소비자)라는 용어보다 특히 오늘날 문화콘텐츠를 생산·소비하는 주체를 지칭하기에 더 적절하다고 여겨진다. 따라서 여기서는 유튜브 사용자를 향유자로 지칭하되 다만 콘텐츠의 생산자와 소비자(시청자)의 의미 구분이 필요한 경우는 게시자와 시청자, 생산자와 소비자 등으로 별도 표기한다.

---

20 모든 유튜브 향유자는 시청자이자 동시에 잠재적 혹은 실제적 게시자라는 측면에서 이들의 유튜브 경험은 문화적 실천을 포함한다.

그리고 향유자는 오늘날 유튜브의 채널 주체로 진입해 있는 개인과 여러 유형의 집단적 주체를 모두 포괄한다. 이제 유튜브에는 일반 개인들은 물론 아마추어 동호회, 유명 연예인이나 그의 소속 기획사 혹은 그와 협업하는 콘텐츠 제작 주체 등 규모와 성격에서 뚜렷히 경계 지을 수 없는 다양한 양상의 방송 주체들이 사용자로 자리하고 있다. 그리고 구글이라는 유튜브 플랫폼 사업자 대 이용자라는 관점에서 보면 이들은 모두 같은 조건에서 동등한 권리를 부여받고 유튜브를 사용하는 주체들이라는 점에서 향유자라 할 수 있다.

한편 이 글에서는 관련 연구를 인용함에 다음과 같은 점들을 전제한다. 상술한 바와 같이 대중음악 콘텐츠에 집중하는 것은 이것이 유튜브에서의 문화기억 양상을 가늠하게 해줄 대표성을 띠고 있다는 전제에 기인한다. 그리고 다시 확인하면 유튜브에서의 문화기억 양상은 인터넷 시대의 문화기억-집단기억 작동의 핵심을 드러내주며 이는 곧 디지털 시대의 새로운 기억 양상을 보여줄 표본이 될 수 있다. 그리고 집단기억론에서 다양한 실천을 통해 과거가 현재적으로 의미화된다는 점을 상기할 때 무엇보다 '문화적' 실천이 중심이 되는 유튜브에서의 기억 양상 고찰을 위해서 얀 아스만과 알라이다 아스만의 문화기억론을 발상의 시작으로 삼아 추가적인 논의를 전개하려고 한다.

하지만 이들의 논의 역시 앞선 알박스의 집단기억론의 요체를 중심으로 하고 있으며 디지털 시대 이후의 변화된 기억환경에서는 그 의미가 보다 넓고 느슨하게 확장될 것을 요구받고 있다. 따라서 2장에서는 먼저 알박스의 집단기억론은 물론 얀 아스만과 알라이다 아스만의 문화기억론을 중심으로 기억의 사회적 성격에 관한 제 논의들을 아울러 살핀다. 그리고 디지털 미디어 환경에서 기존 아스만의 문화기억론을 수정하여 응용·적용하고 있는 학계의 최근 연구 동향을 검토하여 유튜브에의 적용을 위한 수정된 문화기억론의 틀을 마련하고자 한다.

　2장의 끝에서는 이 글에서 지칭하는 '대중음악의 문화기억'에 대한 개념을 규정한다. 이 글은 디지털 미디어 시대를 맞아 새로운 양상을 보이는 온라인 공간, 즉 인터넷-디지털 네트워크 미디어 공간에서의 문화기억 작용을 살피고자 그 대표격인 유튜브에 주목하고 있다. 그러나 구체적 작업을 위한 시작은 '대중음악이라는 예술의 한 하위 장르가 어떻게 문화기억 형성에 관계하는가'라는 질문에서 비롯된다는 점에서 미디어를 통한 '과거 사건의 현재적 재현'을 중심으로 하는 기존의 연구들과 조금 다른 접근을 요한다. 따라서 이 글에서 주목하는 '대중음악의 문화기억'에 대한 논의를 위해 먼저 대중음악과 문화기억의 관계를 어떻게 바라볼 수 있는지 그리고 '대중음악을 통한 문화적 경험'이 형성하는 문화기억이란 무엇인지 그 의미를 구체화한다.

　이론적 논의 이후의 절차와 방법은 다음과 같다.

첫 번째 단계는 대중음악의 문화기억 공간으로서 유튜브의 성격을 파악하는 것이다. 이를 위한 선행작업으로 동영상 플랫폼, SNS 플랫폼, 음악 플랫폼으로서 유튜브의 성격을 각각 검토함으로써 기억장치로서 기능하기 위한 유튜브의 미디어적 특성과 환경을 탐색한다.

두 번째 단계는 유튜브의 대표적인 대중음악 콘텐츠 유형을 파악하는 것이다. 이것은 유튜브에서 대중음악을 매개로 하는 향유자들의 문화적 경험이 주로 어떠한 양상으로 나타나는가를 살피기 위한 작업이다. 이를 위해서는 유튜브 검색 결과를 통한 통계를 산출하여 대표 유형을 도출한다. 도출된 콘텐츠 유형별로 제작 의도와 방식, 내용, 그리고 이를 시청하는 향유자들이 얻는 효과 등을 파악한다.

세 번째 단계는 첫 번째와 두 번째의 논의를 종합하여 기억의 공간으로서 유튜브의 조건과 성격을 규정한다.

네 번째 단계는 앞서 도출한 콘텐츠 유형별로 생산과 소비를 아우르는 향유 양상을 통해 그 과정에서 집단의 기억이 구성되는 주요한 방식을 포착하고 이를 개념화하는 것이다. 이 유형화의 결과가 곧 유튜브에서 대중음악의 문화기억 구성의 주요 구성 방식이라 할 수 있을 것이며 이를 중심으로 기억이 유통, 저장, 보존되고 재구성되는 제 양상으로서 '유튜브에서의 대중음악의 문화기억 구조'를 밝힌다.

마지막 단계는 도출한 문화기억의 주요 구성 방식에 따른 대표적 사례 분석을 통해 그 구체적 양상을 확인하는 것이다. 앞서 도출한 대중음악 콘텐츠의 제 유형별로 해당 사례를 다루므로 오늘날 유튜브에서의 일상적 음악경험, 곧 문화적 경험이 어떻게 문화기억의 구성에 관여하는지 가늠할 수 있을 것이다.

제2장

기억과 사회

기억과 사회

1. 기억의 사회적 성격

이 글에서 시도하는 작업의 모든 전제는 기억이 사회적 산물이라는 사실로부터 비롯된 것이다. 이러한 기억의 사회적 성격에 대한 논의는 1920년대 모리스 알박스(Morris Halbwachs)가 '집단기억(collective memory)'[1] 개념을 제시함으로써 주목받기 시작하였으며 이후 다양한 연구자들에 의해서 계승, 확대되어왔다. 알박스 이후 특히 집단의 기억이라는 개념을 문화적 전승과 전

---

1 'collective memory'의 한국어 적용에 있어 김영범 등은 '집합기억'으로 표현하기도 하였으나 집합기억은 'collected memory'로 "개인주의적 원칙에 근거해 집단구성원 개개인의 기억을 수집한 것"으로 집단기억과는 엄밀한 의미에서 구분되는 개념이다. 집합기억에 관해서는 J.K.올릭, 『기억의 지도』, 강경이 역, 옥당, 2011, 48~64쪽 참조.

통 형성의 관점에서 다룬 점에 주목, 그 논의를 확장, 계승한 것이 얀 아스만(Jan Assmann)과 알라이다 아스만(Aleida Assmann)의 문화기억(cultural memory) 개념이다. 이 글에서는 유튜브에서의 문화기억의 양상을 논하기 위해 과거의 재현을 통한 의미화의 과정에서 특히 문화적 실천을 강조한 얀 아스만과 알라이다 아스만의 문화기억론에 주목한다. 그리고 이들의 이론을 중심으로 기억의 사회적 성격을 다루는 몇 가지 주요 논의들을 함께 살펴본다.

1) 알박스의 집단기억

기억의 사회적 성격을 처음으로 강조한 이는 프랑스의 사회학자 모리스 알박스이다. 알박스 이전에 기억이 단지 개인적이고 심리적인 차원에서 다루어지는 대상이었다면 알박스는 이를 사회적, 구성적 관점에서 접근하였고 이러한 기억의 성격을 집단기억이라는 개념으로 제시하였다. 이에 1920년대 이래 그가 행한 선구적 작업들을 통해 비로소 기억의 사회적 조건과 형성 구조, 그리고 기능 등이 논의되기 시작하였다.

알박스는 스승이었던 뒤르켐의 집단의식 혹은 집단표상에 관한 논의를 기억에 적용시켜 사회학적 관점에서 해석함으로써 비록 기억의 주체가 개인이고 개인들의 회상도 존재하지만, 개인들의 기억 역시 결국 사회집단의 한 구성원으로서 획득한 것이라는 점을 강조한다. 또한 개인의 기억은 집단을 통해서 혹은 타인과 연결을 통해 그 의미를 획득할 수 있다고 주장한다.[2] 즉 개인적 기억도 사회적으로 매개됨으로써만 형성될 수 있으며 사람들은 사회 속에서 기억을 얻게 될 뿐만 아니라 이를 소환하고, 인식하며, 배치하는 것 또한 사회 속에서 가능하다는 것이다.[3]

알박스는 기억이 '집단적'이라는 의미를 두 가지 차원에서 찾는다. 첫 번째는 타인들이 개인의 기억을 촉발하거나 그 기억의 형성·보존에 관여한다는 것이고, 두 번째는 집단 구성원들이 같은 경험을 겪었기에 같은 내용의 기억을 공유한다는 것이다.[4] 전자는 집단기억의 형성 과정과 연관되고 후자는 내용과 관련이 있다. 이처럼 사회는 기억이 작용하는 기제이지만 개인으로 하여금 특정한 것만 선별적으로 기억하게 하고 어떤 것은 망각하게 하기도 한다. 또한 사회는 개인이 직접 체험하지 못한 사건도 기억하게 해준다. 따라서 기억은 모든 과거 경

2　태지호, 『기억 문화 연구』, 커뮤니케이션북스, 2014, 23쪽.

3　Maurice Halbwachs, "La topographie légendaire des évangiles en terre sainte: Etude de mémoire collective; Les cadres soiaux de la mémoire", Coser, L.A.(Trans.), *On collective memory*, Chicago: The University of Chicago Press, 1992(Original work published 1941, 1952), p.38. 김영범, 「알박스(Maurice Halbwachs)의 기억사회학 연구」, 『사회과학연구』 Vol.6, No.3, 대구대학교사회과학연구소, 1999, 574쪽에서 재인용.

4　김영범, 위의 글, 576~577쪽.

험을 간직한 보관소가 아니며, 시간이 흐르고 사회적 조건이 변함에 따라 '일반화된 심상'이 된다. 이러한 심상으로서의 기억은 사회적으로 활용되는 상징과 이야기 그리고 이를 저장하고 전수하는 사회적 수단의 산물인 것이다.[5] 이를 통해 개인은 사회적 구성원으로서의 정체성을 확보하고 그에 따른 사회화 과정에 참여하게 된다.

하지만 알박스의 주장이 단지 개인의 사고나 기억이 집단의 틀에 완전히 종속되거나 매몰된다고 한 것은 아니다. 그는 사회와 집단이 결국 개개인의 합이라는 점을 간과하지 않는다. 즉 사회적 기억의 형성은 기억 주체로서의 개인이 그 집단의 시각을 채택해보는 것, 다른 말로 하면 '시각의 교류' 또는 '입장의 공유'가 필수적이라는 것이다.[6] 개인의 기억은 타인의 기억과 조화를 이루어야 하며 그가 속한 집단과의 접점을 통해 공통의 토대 위에서 이루어진다. 즉, 집단의 공통적인 사고방식, 태도, 관점과 관심 등을 채택하고 그 속에 우리의 기억을 위치시키면서 그로부터 요구되거나 지향되는 방향을 따름으로써 기억은 결집되고 제대로 배치된다.[7] 요컨대 개인은 집단의 시각을 취하고 자신을 대입해봄으로써 기억한다고 할 수 있다.

---

5 J.K.올릭, 『기억의 지도』, 강경이 역, 옥당, 2011, 42쪽.

6 김영범, 앞의 글, 575쪽.

7 Maurice Halbwachs, op.cit., pp.52~53. 김영범, 위의 글, 575쪽에서 재인용.

　집단기억의 형성을 위한 개인과 사회에 대한 위와 같은 이해를 바탕으로 알박스는 집단기억의 형성을 위해 사회가 제공하는 일종의 '틀'을 전제한다. 모든 기억은 이 틀을 통해 가능한 것이며 무엇을 기억하고 언제의 것을 기억할 것인지 그 범주도 이를 통해 결정되고 복구된다는 것이다. 하지만 이 틀 역시 개별 기억들의 존재를 전제로 하며 개별적 회상들의 결과물, 합계의 조합으로 이 사회적 틀을 통해 중요하게 여겨지는 과거의 사건들이 현재적 관점에서 기억되고, 그러한 과정에서 과거는 원래 그대로 보존되는 것이 아니라 현재적 관점에서 재구성되는 것을 의미한다.[8] 즉, 기억이 사회적 틀이라는 종속변수에 의해 재구성된다는 것을 의미한다.

　알박스가 말하는 가장 안정되고 확실한 사회적 틀은 공간과 시간이며 이를 비롯해 사고방식, 관점, 입장, 관습 체계 등 사람들이 사회 속에서 영위하려는 일종의 관계 틀을 포함한다.[9] 사회적 틀은 사람들이 상호작용하기 위해 전제되거나 선재하

8　Maurice Halbwachs, op.cit., p.172. 태지호, 앞의 책, 25쪽에서 재인용.

9　알박스는 사회적 틀에 대한 설명을 비교적 자세하게 하지 않았다. 다만 그가 공간과 시간을 가장 대표적으로 언급한 점 이외에 문맥상 '사회적 틀'이 자리할 위치에 집단의 전망, 사회적 표상체, 관념체계, 사상체계, 관습체계 등의 표현을 사용한 점으로 미루어 사회적 틀의 성격을 가늠할 수 있을 뿐이다. M. Halbwachs, op.cit., p.40, p.42, p.47, p.59, p.95, p.172. 김학이, 「얀 아스만의 "문화적 기억"」, 『서양사 연구』 제33집, 한국서양사연구회, 2005, 237쪽에서 재인용.

고 있는 것이며 이를 통해 기억은 결집되고 사회적 상황에 맞게 재배치된다.[10] "사회적 틀은 집단기억의 내용들, 즉 집단을 위해 중요한 경험의 저장물과 유리되어 흩어져 있는 지식의 저장물을 서로 중개해주고 그것들이 관점을 갖도록 해준다."[11]

알박스의 집단기억 개념은 기억이 개인적이고 심리학적인 차원에만 머무는 것이 아니라 사회적 관점에서 논의되어야 한다는 점을 강조했다는 점에서 의의가 있다. 그의 논의를 통한 집단기억 개념은 이를 계승, 발전시킨 학자들에 의해 사회적으로뿐만 아니라 문화적 관점에서 기억을 설명할 수 있는 사고의 바탕을 이루었다.

하지만 알박스의 집단기억 개념은 몇 가지 한계점을 가졌다. 가장 먼저 지적되는 점은 그가 제시한 사회적 틀의 개념이 모호하다는 점이다. 또한 역사와 기억의 관계에 대한 설명에서도 기억은 사회적으로 기능하는 반면 역사는 일종의 변화와 사건들에 대한 이미지들의 나열일 뿐이라며 양자를 자의적으로 분리하고 있다.[12] 즉 그는 역사는 추상적이고 총체적이며, 사멸된 것이며, 차이와 불연속만을 강조하는 개념인 데 비해, 기억

---

10 태지호, 앞의 책, 25쪽.

11 베라 뉘닝 · 안스가 뉘닝 외, 『현대 문화학의 컨셉들(*Konzepte der Kulturwissenschaften*)』, 장진원 외 역, 유로서적, 2006, 218쪽.

12 M. 파우저, 『문화학의 이해』, 김연순 역, 성균관대학교 출판부, 2008, 214쪽.

은 특별하고, 의미 있으며, 생동하고, 개인들 간의 유사성을 인식하기 위한 과정이라고 주장하였다.[13] 이는 곧 그가 역사와 집단기억을 대립 관계로 규정지은 것으로 이러한 분리를 통해 기억의 위상을 세우려 한 것으로 이해되나 이후의 역사와 기억에 관한 지배적인 견해는 이 둘의 관계가 완전히 분리될 수 없으며 상보적인 관점에서 바라보아야 한다는 데에 무게가 실리고 있다. 그러나 비록 이러한 한계점들에도 불구하고 사회가 존재하고 작동하는 중요한 동인으로서 기억의 개념을 제시하여 이후의 기억 관련 논의들의 초석을 이루었다는 점에서 그의 기억 논의는 중요하다.

2) 얀 아스만의 문화기억

얀 아스만은 알박스의 집단기억 논의를 계승, 확장하여 문화기억 개념을 제시하였다. 김학이는 얀 아스만의 문화기억에 관한 연구[14]에서 얀 아스만의 기억의 사회적 성격에 관한 논의가 대부분 알박스의 집단기억의 개념을 충실하게 계승하고 있음을 밝힌다. 다만 집단기억이라는 용어가 문화기억으로 바뀌게

---

13 Astrid Erll and A. Nünning(Eds), *Cultural memory studies: An international and interdisciplinary handbook*, Berlin: Walter de Gruyter, 2008.

14 김학이, 앞의 글.

된 것은 알박스가 말한 사회적 틀에 해당하는 부분에 관해 문화적 의미를 강화한 것이다. 문화기억은 다양한 문화적 실천을 통한 재현과정에 의해 기억이 보존, 전승 혹은 강화되는 과정을 거쳐 그에 따른 사회적이고 문화적인 의미를 획득하게 되는 과정에 주목하는 개념으로 문화적 실천을 중요하게 다룬다.

양 아스만에 의하면 기억은 일상 행위를 가능하게 해주는 학습기억인 '모방적 기억', 인간이 자기 자신을 투여한 시간적 차원을 갖는 '사물의 기억', 한 시대가 당대의 과거에 관하여 보유하는 '소통적 기억', 마지막으로 '문화기억'의 네 가지로 분류된다. [15] 여기서 앞의 세 가지가 제의나 상징으로 전환되어 도구적 목적성 이외의 '의미'를 부여받을 때 문화기억으로 화하며 따라서 문화기억이란 의미를 전승해주는 기억이다. 이 '의미'와 관련하여 특히 그는 어떤 사물이 상징으로 변환되는, 즉 사회적 의미를 획득하는 과정을 통해 그 사물에 시간의 차원과 정체성의 차원이 각인됨으로써 문화기억이 된다고 주장하였다. 따라서 공동체로서 집단의 메커니즘을 설명할 기제로 기억을 대두시키는 그의 기억 논의는 정체성에 관한 문제로 귀결된다. [16]

---

15 일반적으로 모방적 기억과 사물의 기억을 '개인적 기억'으로 묶어 양 아스만의 기억 분류를 개인적 기억, 소통적 기억, 문화기억으로 파악하는 경향이 많다.

16 김학이, 앞의 글, 237쪽.

특히 얀 아스만은 인간의 정체성을 구성하는 기제로서 문화를 강조한다. 그리고 집단의 정체성은 이른바 '문화구성체'에 참여하여 집단 구성원 모두에게 공통되는 의미를 획득하는 과정을 통해 얻어진다고 하였다. 문화구성체란 집단 구성원의 공통성을 상징적으로 전달해주는 다양한 문화 요소들로 텍스트·제의·예술·의복·음식·기념물 등의 기호적 총체이다.[17] 인간은 문화구성체를 통하여 문화적 의미를 획득하고 정체성은 문화적 의미를 통하여 형성되기 때문에 문화기억은 곧 문화적 의미를 전승함으로써 집단 정체성을 형성시켜주는 사회적 기억이다. 요컨대 얀 아스만의 문화기억은 사회적 기억의 형성에 있어 정체성을 구성하는 문화구성체의 역할을 중시함으로써 알박스의 집단기억 개념을 문화기억 개념으로 전승한 것이다.

상기한 것처럼 얀 아스만은 기억의 종류를 크게 개인적 기억(모방적 기억과 사물의 기억), 소통적 기억, 문화기억으로 구분하였다. 그렇다면 개인적 기억을 제외하고 소통적 기억과 문화기억이 모두 기억의 사회적 성격을 드러내는 것들인데, 이는 곧 집단기억의 두 체계를 개념적으로 구분한 것이다. 먼저 소통적 기억은 일상의 의사소통에 근거하고 동시대인의 역사 경험을 그 내용으로 한다. 소통적 기억은 가변적이고 어떤 확고한 의

---

17 위의 글, 239쪽.

미 부여를 경험하지 않는데 여기서는 누구나 공동의 과거를 회상하고 해석할 수 있는 동등한 능력을 지닌 것으로 간주된다.[18] 반면 문화기억은 상징성을 띤 문화적 객체에 근거, 즉 특별한 문화적 형식성을 통해 전승되며, 고차원적으로 형성되고 제식화되었으며 이때 고정된 객체에 형성된 내용과 획득된 의미를 지속시키기 위해 전문가가 양성된다.[19]

두 기억 모두 사회 내의 소통을 통해 성립된다는 공통점을 가지고 있으며 주요한 차이는 '시간성'에 있는데 소통적 기억이 특정 집단의 당대에 공유되는 자기 시대의 기억이고, 문화기억은 그 이전 시기로부터 전승되는 기억이다. 얀 아스만은 소통적 기억과는 다른 문화기억의 시간성을 '분리되었다가 재결합된 시간성', 즉 '절합(切合)된 상황'이라는 말로 개념화하였다. 이 절합된 상황이 의미하는 바는 문화기억이 한 집단, 주로

---

18 김학이는 얀 아스만의 소통적 기억에 대해 "아스만은 1970년대 이후 진행된 구술사의 연구성과를 이용하여 아예, 소통적 기억이 작동하는 시간 범위까지 언급한다. 소통적 기억은 삼사 세대, 즉 40년 내지 80년간의 기억이다."라고 하였으나 알라이다 아스만의 논문을 비롯한 다른 연구들에서 언급된 것은 주로 80~100년의 시간이다. 위의 글, 240쪽.
알라이다 아스만은 "일반적으로 삼대를 이어주는 구두로 전승된 회상들"이라고 언급한 바 있다. 알라이다 아스만, 『기억의 공간』, 변학수 · 채연숙 역, 그린비, 2018, 13쪽.
태지호는 "일상의 상호 행위를 통해 나타나는 비교적 가까운 시대적 지평에 의존하는 기억"으로 설명하였다. 태지호, 앞의 책, 44쪽.
19 베라 뉘닝 · 안스가 뉘닝 외, 앞의 책, 236~237쪽.

민족의 기원에 관한 이른바 '정초기억'으로서 그 발원 이후에 기원서사, 시원서사 등의 이름으로, 배경으로 물러나고 근대에 이르러 과도기적 시간이 틈입하지만 집단의 정체성과 관련한 그 의미가 언제든 현재에 소환될 수 있음을 말한다. 그리고 이때 그 기억은 상징이나 제의와 축제와 같은 기념적 소통의 장을 통하여 재현되며 일상에는 배제되어 있는 현 존재의 근원을 상기, 치유해주는 기억이다. 결과적으로 얀 아스만은 문화기억을 공적 기억의 영역에 가두고 동시대나 당대의 기억인 소통적 기억과 분리함으로써 일상으로부터 대립시켰다.[20] 그리고 이후의 문화기억에 관한 논의들은 바로 이러한 제한성이나 폐쇄성을 극복하고자 하는 방향으로 이루어진다.

한편 얀 아스만은 문화기억의 여섯 가지 특징을 제시함으로써 기억과 문화 그리고 집단(사회)이라는 3요소의 연결성을 규명하고자 했으며 그 내용은 다음과 같다. 첫째, '정체성의 구체화'로 문화기억이 집단으로 하여금 자신의 동질성과 특성에 관한 지식을 보존하도록 한다. 둘째, '재구성적 능력'으로 문화기억은 언제나 사회가 당대의 지식과 관점으로 재구성한 결과물이란 사실이다. 셋째, 문화기억은 그 형식성에 있어 고정된 객체들을 이용한 의미의 지속에 의존하고 있다. 넷째, 문화기억은 제도와 체계를 통해 과거에 대한 의미를 전문화된 관점에

---

20 김학이, 앞의 글, 240쪽.

서 조직화한다. 다섯째, 문화기억의 책무로 집단의 규범성과 관련하여 문화의 지식과 상징에 중요한 가치 체계와 차별화의 방법을 파생시킨다. 여섯째, 문화기억이 집단의 관습, 자화상뿐만 아니라 문화기억 자신에 대해서도 성찰한다는 점이다.[21] 이와 같은 문화기억의 특징들은 텍스트, 회화·사진·동영상 등의 이미지, 묘비·기념비·건축물·박물관 등과 같은 공간, 그리고 의례와 축제 등을 통한 다양한 문화적 실천의 중요성에 관한 논의로 귀결된다. 다만 여기서 네 번째 특징은 디지털 네트워크 환경에서 수정을 요하게 되는데 이와 관련하여서는 이후 '디지털 미디어와 문화기억' 부분에서 다룬다.

얀 아스만은 알박스의 논의를 받아들였지만 이를 재해석할 뿐만 아니라 지식과 경험의 저장, 생산과 전달 그리고 수용에 관한 미디어 이론을 받아들였으며[22], 사회적 응집을 위한 전략들을 탐색하는 문화 이론을 수용함으로써 문화기억 개념에 대한 문화학적 위상을 정립하고자 했다.[23]

---

21 Jan Assmann and John Czaplicka, "Collective memory and cultural identity", *New german critique* No.65, 1995, pp.125~133.
베라 뉘닝·안스가 뉘닝 외, 앞의 책, 238쪽.
태지호, 앞의 책, 43~44쪽.
22 태지호, 위의 책, 44~45쪽.
23 M. 파우저, 앞의 책, 227쪽.

3) 알라이다 아스만의 문화기억

얀 아스만의 문화기억 개념을 좀 더 세분화하고 확장하여 제
시하는 알라이다 아스만은 저서『기억의 공간』을 통해 문화기
억 이론의 정립을 시도한다. 그녀는 문자문화의 역할에 보다
주목하고 그것이 비단 해석문화에 그친 것이 아니라 기억의 보
존 및 기능 방식에 큰 변화를 초래한 점에 주목함으로써 문화
기억의 개념을 크게 확장하였다. 즉 문자문화는 공적 기억에
편입되지 않는 영역에서도 매우 많은 기록을 낳았다는 점에 착
안하여 문화기억을 공적으로 활동 중인 기능기억과 휴면 상태
에 있는 저장기억으로 구분한다.[24] 기능기억와 저장기억은 각
각 활성적 기억과 비활성적 기억이라고 할 수 있으며 곧 기억
의 문화적 의미가 활성화되고 망각되는 과정을 서술하기 위한
틀이다. 알라이다 아스만이 설정한 기능기억과 저장기억의 구
도는 문화적 의미가 다양하게 현재화하는 과정을 논의하기 위
한 장치로 다루어지고 있지만 기실 그 출발은 집단적 기억과
역사적 기억의 관계 규명을 통해 과거로 향하는 또 다른 길로
서의 기억의 의미를 밝히려는 시도에서 시작된 것이다. 그리고
이를 통해 기억과 역사를 대립항으로 놓았던 알박스의 논의를
극복하고 양자가 서로 배제하지도 않고 억압하지도 않아야 할

---

24 김학이, 앞의 글, 252쪽.

기억의 두 가지 양태임을 주장한다. 알라이다 아스만은 이를 표로 개관하여 다음과 같이 제시하고 있다.[25]

[표 1] 기능기억과 저장기억

활성적 기억:기능기억	비활성적 기억:저장기억
■ 기억은 집단, 제도, 개인일 수 있는 보유자와 결부되어 있다.	■ 특수한 보유자로부터 분리되어 있다.
■ 과거, 현재 그리고 미래를 연결하는 다리를 놓는다.	■ 현재와 미래로부터 과거를 철저하게 분리한다.
■ 이것은 기억하고 저것은 잊어버리면서 사건을 선별적으로 처리한다.	■ 모든 것에 관심이 있고, 모든 것이 동등하게 중요하다.
■ 가치들을 중개하는데, 그 가치에서 정체성의 특성과 행동 규범이 생기게 된다.	■ 진리를 찾아내고 동시에 가치와 규범을 멀리한다.

기능기억의 중요한 특징은 집단 관련성, 선택, 관련 가치, 목적의식 등이다. 그것은 "현재와 살아 있는 관계를 유지하고 있는 기억"이며 의미를 담고 있는 요소들로 구성되어 있다. 맥락 없고 연관성 없던 기억들은 합성·구성·결합되어 응집력 있는 서사로 만들어짐으로써 기능기억으로 들어가며 이런 구성적 행위에서 의미가 발생한다. 기능기억은 집단의 정통성을 공고히 하거나 그것에 반하여 소멸시키기도 하고 정체성의 부각

---

25 알라이다 아스만, 앞의 책, 180쪽.

을 통해 이를 명징화하는 기능을 한다.[26]

　한편 저장기억은 "현재와의 생생한 관계를 잃어버린 것들을 받아들이는 기억"으로 현재와의 활성적 관계를 상실한 것들을 기록한 기억들이다. 이것은 구속적이지 않으면서 의미 중립적인 요소들의 '무정형의 덩어리'로 사용되지 않고 정돈되지 않은 '기억의 마당'이다. 저장기억은 시대착오적이며 낯설어진 것, 중립적이고 추상적으로 정체성을 규정하는 '사실 지식'뿐만 아니라 선택되지 않은 가능성과 관련 있다. 역사학문 영역의 비활성적인, 의미중립적인 유물들과 유품들이 여기에 해당한다.[27]

　이 둘을 주체와의 연관성에서 보면 기능기억은 기억의 보유자이거나 그것을 판단할 수 있는 국가나 민족과 같은 주체와 연결되어 있다. 반면 저장기억은 정체성을 기반으로 하지 않으며 본질적 기능은 기능기억이 허용하는 것보다 더 많이 그리고 다르게 보관하는 것에 있다. 따라서 꾸준히 증가하는 대규모 자료 기록, 정보, 기록물, 기억이 들어 있는 무제한의 기록보관소 등이 여기에 해당한다. 예술, 학문, 기록물, 박물관 등과 이를 지탱하는 제도는 저장기억의 바탕이 된다.[28]

26　위의 책, 179~192쪽.

27　위의 책, 179~192쪽.
　　　베라 뉘닝 · 안스가 뉘닝 외, 앞의 책, 241~243쪽.

28　알라이다 아스만, 위의 책, 179~192쪽.

두 기억 각각의 속성만큼이나 중요하게 보아야 할 것은 양자 간의 관계와 경계이다. 기능기억은 선별되고 해석됨으로써 특정한 의미구조의 자장 안으로 들어가는 것이기에 저장기억의 파편만을 활성화한다. 알라이다 아스만은 이 관계를 원근법적인 구도로 배치하였는데 무의식적인 저장기억은 기능기억의 배경이 되고 기능기억은 저장기억의 앞에서 두드러져 보이는 전경을 이룬다는 것이다. 기능기억이 사회의 규범이나 정체성 등의 문제를 다룬다면 저장기억은 미래 기능기억의 비축창고로 예비되어 있다. 즉 저장기억은 기능기억의 콘텍스트로서 '문화적 지식의 혁신을 위한 원천' 혹은 '문화적 변천의 가능성을 위한 조건'으로 작용함으로써 기능기억의 외적 지평을 형성하며 이로부터 과거에 대한 다양한 관점들이 제시되고 발생할 수 있다. 저장기억의 지지를 받지 못하는 기능기억은 상상으로 전락할 수 있고, 기능기억에 의해 방향과 동기를 부여받지 못한 저장기억은 무의미한 정보 덩어리일 뿐이다.[29]

한편 알라이다 아스만은 기억의 공간에서 문화기억이 자리해온 매체로서 문자, 그림, 몸, 장소 등 미디어를 조명하고 이와는 다른 양상을 띠는 기억의 저장소로 기록보관소를 파헤친

---

29 태지호, 앞의 책, 45~47쪽.
    알라이다 아스만, 앞의 책, 179~192쪽.
    M. 파우저, 앞의 책, 242~243쪽.

다. 이 글에서 주목하는 유튜브는 오늘날 지배적 매체로 자리한 전자매체, 즉 디지털 미디어인 인터넷에서 문화 실천 공간의 총아이자 곧 그 파생물들의 저장소라는 측면에서, 미디어로서 기억장치이자 인간기억의 아카이브, 즉 기록보관소이다. 따라서 기록보관소로서의 유튜브를 조감하기 위해서는 기록보관소에 대한 전통적 접근에 관한 기본적인 점검이 필요하다.

'기록보관소(Archive)'라는 말은 그리스어 'arché'에서 유래한 것으로 '시작', '기원', '통치권'이라는 뜻 외에도 '관공서'나 '관청'을 의미하기도 한다. 특히 데리다는 'arché'라는 말이 지닌 의미를 '토대'와 '주거'라는 의미 구성요소로 보았으며 법률을 보호하고 그것을 상기하여 해석하는 '제도 파수꾼'이라는 의미로 보기도 했다. 이렇게 볼 때 기록보관소라는 말에는 시원부터 문자, 관료주의, 서류, 관리 등의 의미가 담겨 있다고 볼 수 있다. 기록보관소는 기억의 외적 저장매체로서 기능하는 '기록 체계'의 토대 위에서 가능한 것인데 무엇보다 인간의 기억을 불완전한 인간 의식 외부로 옮겨 안전하게 고정시키는 문자에 의해서 가능하게 되었다. 즉, 기억이 기본적으로 기억 보유자의 신체나 특정 장소에 감각적으로 체화된 것이라면, 기록보관소는 그것들로부터 분리하여 존재하기 때문에 추상적이고 보편적이다.[30]

---

30 알라이다 아스만, 앞의 책, 24쪽, 471쪽.

전통적인 기록보관소 개념에서 집단적 지식 저장소로서의 기본 전제는 그것이 기억의 보조수단으로 기능할 수 있는 물질적 자료 보유체, 그중에서도 중요한 '문서'를 다루고 있다는 것이었다. 서적을 통해 비로소 인류의 문명은 저장, 보관되기 시작하였고 기록보관소도 생겨나게 되었다. 서적은 문화기억을 시대에 부합하는 것과 지나간 것, 즉 기능기억의 전면과 저장기억의 배경으로 나눈다. 이처럼 전통적인 기록보관소는 곧 집단의 지식과 기억을 물질적으로 고정하고 그 정보를 후세인들이 다시 해석할 수 있도록 코드화하는 문자에 기반하고 있다. 기록보관소가 기록을 보존하는 장소라는 사실은 결국 이 공간이 과거를 구성하는 장소로 기능하게 한다. 그리고 이러한 구조는 집단의 사회, 정치, 문화적 관심에 종속되어 있을 뿐 아니라 본질적으로 당대의 지배적인 의사소통 매체와 기록 기술에 좌우되는 측면이 크다.[31] 한편 기록보관소에서 오랜 기간 동안 주도권을 차지해온 문자 이후 발명된 사진 · 영화 · 음향테이프와 같은 새로운 기록매체는 자료의 보존 가능성을 현저히 증가시켜주었다.

그런데 이러한 새로운 방식의 기록 체계로 저장된 자료의 '보관' 문제는 기록보관소의 새로운 과제로 대두되었다. 즉 아날로그 방식의 시청각 매체들에서 시간의 경과에 따라 발생하

---

31 위의 책, 471~477쪽.

는 자료의 부식 문제가 생긴 것이다. 인쇄 매체보다도 사진, 음
향 테이프, 레코드판, 영상 필름 같은 아날로그 매체들은 미세
하게 진행되는 화학적 변화를 거스를 수 없다. 아날로그 양식
의 시청각 매체들은 급격한 노화와 붕괴의 과정에 처해 있으며
자료 소실의 위기를 겪고 있다. 따라서 거기에 보존된 자료들
은 보유체가 온전한 동안에만 기록보관소에 머문 후 이 매체들
과 함께 사라지게 될 운명에 처해 있는 것이다. 그리고 이러한
물리적 제약은 디지털 저장 방식이 등장하면서 새로운 국면을
맞게 되었다.[32]

한편 기록보관소는 1차적 기능인 보존의 측면에서뿐만 아니
라 선별과 개방성이라는 측면을 통해서 그 속성을 살펴볼 수
있다. 먼저 '개방성'은 그 사회의 기록보관소가 민주적 제도인
지 압제적 제도인지를 드러낸다. 알라이다 아스만의 예를 끌
어오자면 아테네와 같은 곳에서는 기록보관소에 사회의 법령
과 시민들의 권리를 근거해주는 문서들이 지속적이고 안전하
게 보존되도록 관리했다. 이 문서들은 공동체의 토대나 집단
의 정체성을 규정해주는 텍스트들이다. 그런데 독재국가나 전
체주의 국가에서 이러한 내용물에 대한 통제가 이루진다면 민
주주의 국가에서는 개인들이 그것을 이용하고 해석할 수 있도
록 공공의 소유물로 열어놓는다. 즉 "어떤 사회의 정치권력은

---

32 위의 책, 485~487쪽.

곧 기록보관소에 대한 통제의 여부나 정도를 통해 가능하다"[33]
는 데리다의 말은 기록보관소가 공론과 비판의 장을 제공하며
어떤 공화제도 이를 토대로 해야 비로소 가능하다는 점을 강조
하고 있다. 이를 기능기억과 저장기억의 측면에서 보면 전체주
의 국가에서는 기능기억을 위해 저장기억을 제거하고 민주주
의 국가에서는 저장기억을 기능기억의 경비로 확충하려는 경
향을 갖는다.[34] 폴리스, 국가, 민족, 사회의 제도화된 기억으로
서 기록보관소는 기능기억과 저장기억의 성격을 유동적으로
취한다고 볼 수 있는데 이는 그것이 사회의 통치 도구로 기능
하는지 지식창고로 기능하는지에 따라 결정된다. 기록물이 순
수한 저장기억과 자료보관소로 전락하지 않으려면 기록물에
대한 비판적 해석이 있어야 한다. 자료를 저장하는 기록보관소
는 그 내용이 기억에 다시 상기되어야 할 경우 "읽히고 해석되
어야 한다…." 이는 곧 기록보관소가 미래의 문화기억을 위한
자료적 전제로서, 즉 잠재적 기억으로서 중대한 의미를 갖고
있으며 저장기억으로서의 기록보관소의 저면에는 기능기억이
침전되어 있음을 시사한다.[35]

다음으로 기록보관소에 어떤 것을 들이고 어떤 것을 버릴 것

---

33 Jacques Derrida, "Archive fever: A Freudian impression", *Diacritics*
　　25.2, 1995, pp.9~63. 알라이다 아스만, 위의 책, 473쪽에서 재인용.
34 알라이다 아스만, 위의 책, 471~477쪽.
35 위의 책, 473~474쪽.

인지의 문제인 '선별'은 당대 사회가 무엇을 기억해야 할 대상으로 '가려내는지' 반영한다는 관점에서 중요하다.[36] 19세기 이후부터는 이미 손질과 보관이 기록보관소의 중요한 역할이 되었으며 불필요한 것(그렇다고 간주된 것)을 선별해서 버리는 것 역시 기록담당자의 중대 업무가 되었다. 기록보관소 존립의 파기를 의미할 수 있는 '문서의 폐기'에 대해서는 어느 시대에나 고유한 선별 원칙과 가치척도를 가지고 있었다. 그런데 후세대들은 이에 직접 관여할 수가 없다. 따라서 어느 시대에 불필요하다고 여겨진 쓰레기(폐기물)가 다른 시대에는 귀중한 정보가 될 수도 있는데 어떤 문서의 폐기 행위는 '미래의 시각에서 보아

---

36 이런 측면에서 김학이는 저장기억을 유지하는 중요한 사회적 제도로서 기록보관소를 규정하는 알라이다 아스만의 논의에 대하여 의문을 제기한다. 즉 도서관이나 미술관 등 모든 사회의 기록보관소가 이미 나름의 분류법을 가지고 과거의 기록을 체계적으로 관리하는 곳이라면 의미가 부여되어 기능기억으로 활성화되려는 순간의 저장기억이 알라이다 아스만이 규정한 것처럼 과연 "무정형의 덩어리"라고 볼 수 있는가 하는 문제이다. 김학이는 이에 대해 아스만이 기능기억과 저장기억을 문화기억 개념으로 통합해버린 것은 고대문명을 기반으로 도출한 문화기억의 개념을 근대 이후에도 적용 가능하도록 일반화하려는 시도에서 빚어진 오류나 모순으로 바라본다. 즉 저장기억의 제도인 기록보관소에 적용된 분류법도 이미 기능기억의 일부라는 것이다. 그러나 아스만의 기억의 공간에서는 기록보관소를 저장기억의 제도라고 하기도 하고 그것이 속한 사회의 성격에 따라 기능기억과 저장의 성격을 유동적으로 취한다고 언급하기도 한다. 김학이, 앞의 글, 253쪽.

잘못된 폐기'가 될 수도 있기 때문이다.[37] 특히 유튜브에서는 쓰레기라 볼 수 있을 정도로 무차별적으로 쌓여 있는 과거 사실에 대한 저장기억들이 언제고 즉각적으로 소환되어 오늘의 기능기억으로 활성화될 수 있는 가능성을 가지고 있다.

4) 푸코의 대중기억과 랜즈버그의 보완기억

집단기억의 의미화·구체화를 위한 실천에 대해 얀 아스만과 알라이다 아스만이 문화적 실천을 통해 풀어냈다면 좀 더 정치적인 실천의 맥락에서 푸코는 대중기억을 통해 다루었다. 이들은 모두 기억이 존재하는 특정한 형식에 대해서 주목했다는 점에서, 그리고 기억이 어떻게 사회의 특별한 인식의 형태로 작동하고 그에 따른 정체성을 구축하는 데 기여하는가에 대해 논의하기 위해 기억의 재현 과정에 관심을 가졌다는 점에서 공통적이다.

한편 앨리슨 랜즈버그(Alison Landsberg)의 보완기억은 오늘날 집단기억의 형성에 있어 매스미디어의 비중을 고려했을 때 염두에 두어야 할 기억의 구성 과정에 관한 개념이다.

대중기억(popular memory)을 위한 논의를 위해서는 대항기억(counter memory)에 대한 점검이 선행되어야 한다. 이는 대항기

---

37 알라이다 아스만, 앞의 책, 475쪽.

억이 대중기억보다 먼저 제시되었으며 대중기억의 개념적 토대를 이루고 있기 때문이다. 푸코에 의하면 대항기억은 "현실에 대항하는 패러디로 구성되며 회상 혹은 승인의 역사 테마에 반대한다. 정체성에 대항하는 분리적 성격을 가지면서, 전통의 재현 혹은 구성체로서의 역사에 반대한다. 진리에 대항하는 희생적 모습을 띠면서, 지식으로서의 역사에 반대해야만 한다. 이러한 역사의 활용은 형이상학적이고 인류학적인 측면의 기억과의 연관을 제거하는 것이며, 전적으로 다른 시간의 형태 속에서 역사의 변형을 구성하는 것"이다.[38] 즉 대항기억은 역사와 같은 지식체계에 반대하고 이에 대항하기 위한 정치적 실천에 주목한다.

　이러한 대항기억의 기본 콘셉트는 대중기억에서 보다 선명해진다. 푸코에 의하면 대중은 지배담론에 의해 책, 영화, 텔레비전과 같은 미디어를 통해 재현된 과거를 비판 없이 자신의 과거라 인식하고 수용하게 된다는 것이다. 그리고 투쟁 과정에서 매우 중요한 역할을 하는 기억에 대한 통제는 활력과 경험 그리고 지식을 통제하는 과정으로 귀결된다. 이러한 관점에서 대중기억은 권력이나 지배담론으로 억압되고, 망각되며, 그러한 과정 속에서 왜곡되고 변형된 대중의 과거를 되살리는 실천

---

38 Michel Foucault, *Language, counter-memory, practice*, New York: Cornell University, 1977, p.60. 태지호, 앞의 책, 58쪽에서 재인용.

적인 기억 행위로 볼 수 있다.[39]

특히 역사와의 관계에서 대중기억은 거시사 중심의 주류 역사학에 대응하는 구술사, 문화사, 생활사, 여성사, 지역사 등의 미시사 논의로 연결될 수 있다. 미시사는 주류 역사학의 방법론에서 포착되지 않은 무질서나 겉으로 보기에 사소한 것들, 그리고 비주류의 소수집단에 집중함으로써 지배담론과 지배기억에서 소외된 개인들의 기억을 역사 구성의 사료로 되살리는 실천 행위로 볼 수 있다. 또한 대중미디어와 대중의 관계 측면에서 대중을 단순한 수용자로 보지 않고 지배기억과 지배담론에 지속적으로 교섭할 수 있는 주체로 설정하여 대중기억의 실천적 측면에 주목한다는 점에서 의미 있다.

한편 미디어로 재현된 '과거'들은 공식 공동체 서사에서 다루어지지 못했던 내용을 새롭게 발견된 기록이나 '미디어적 상상력'을 동원해 대체 혹은 '보완'하는데, 이같이 미디어가 문화기억을 보완하는 특성을 미국의 미디어학자 랜즈버그는 '보완기억'이라 부른다.[40] 오늘날 일상에 편재한 미디어는 개인이나 집단이 직접 경험하지 못한 과거를 간접적으로 경험하게 해주며 기술의 진보는 그것을 점점 더 생생하게 경험하도록 해준다. 다양한 과거를 이미지와 서사의 형태로 전달하는 대중매체

---

39 태지호, 위의 책, 59쪽.
40 강경래, 『미디어와 문화기억』, 커뮤니케이션북스, 2018, 32쪽.

의 보완기억적 특성은 영화관이 잘 보여주는데 영화는 다양한 문화적 배경을 가진 관객들에게 공유된 경험의 아카이브를 제공한다.

하지만 보완기억이 실제가 아닌 간접경험이며 과거를 대개 미디어적 상상력으로 가공하거나 재구성한 것임을 고려할 때 개인이 실제 체험하는 원본으로서의 기억과 이에 대한 모방 혹은 보완으로서의 기억이 갖는 진정성의 문제가 대두된다. 특히 오늘날 미디어의 과거 재현은 사라진 원본을 대체해 마치 원본 자체인 것처럼 기능하게 한다. 그리고 이런 맥락에서 미디어의 과거 재현은 실제 공식 역사와의 사실관계에 있어 비판의 대상이 되기도 한다. 그럼에도 미디어로 재현, 보완된 과거가 그 자체로는 진정한 경험이 아니지만 그 과거가 존재했다는 사실에 대한 증거이기에 문화기억으로서 개인이나 집단의 정체성 형성에 중요하게 관여한다. 따라서 무비판적으로 상상된 기억의 제작과 수용은 여러 문화, 정치, 윤리적 문제를 야기할 수 있다. 오늘날 과거 기억의 단편들은 영화 등 영상물의 서사를 위해 역사적 맥락 없이 소환되고 이질적 서사와 함께 섞이는 등 '역사의 상업화' 문제를 겪게 되었으며 이러한 미디어 환경의 변화 속에서 개인은 집단의 과거로부터 보증받는 정체성의 약화를 경험한다. 이외에도 매개된 과거로서의 보완기억은 기억 자체의 진정성 문제뿐 아니라, 기억의 저장과 유통 문제 그리고 기억의 이식 문제 등 기술의 발달과 더불어 새로운 문제들

에 직면하고 있다.[41]

2. 디지털 미디어와 문화기억

상술한 바와 같이 집단기억이 특정한 신념이나 인식으로서 기능하려면 의미 지속을 위한 문화적 형식이 필요하며 이것은 곧 기억장치로서의 매체, 즉 미디어에 관한 논의로 귀결된다. 미디어는 문화기억이 뿌리를 내리고 있는 물질적 기반이며 보조수단으로, 인간의 기억들과 교호작용을 한다.[42] 따라서 기억의 매개변수라 할 수 있는 재현 미디어에 따라 기억은 다양한 관점에서 그 모습을 달리해왔으며 미디어 발전의 역사는 문화기억이 시대별로 어떠한 방식으로 구축되어왔는지 보여준다.

텍스트, 사진, 영화 등을 통해 이루어지던 기억의 구성은 디지털 시대를 맞아 완전히 새로운 양상을 맞이한다. 디지털 시대의 기억에 관한 연구에는 정전이라 할 만한 단일한 연구가 있다기보다는 초학제적 성격을 띠는 기억문제의 특성상 다양한 분야에서의 접근이 있다. 여기서는 이러한 최근 논의를 복합적으로 취하여 이 연구를 위한 디지털 시대의 문화기억에 관

---

41 강경래, 앞의 책, 36~38쪽.
42 알라이다 아스만, 앞의 책, 22쪽.

한 이론적 기반을 마련하고자 한다.

1) 디지털 네트워크 미디어[43]와 기억환경의 변화

디지털 시대의 기억에 관한 논의의 중점은 디지털 기술과 이로 인해 추동된 네트워크 사회로의 이행, 그리고 콘텐츠와 정보의 소비는 물론 생산을 아우르는 프로슈머의 탄생과 이들의 문화적 실천에 의한 기억 작용의 새로운 양상에 있다. 디지털 문자는 0과 1의 이진법으로 이루어진 약호체계이며 아무것

---

43 디지털 시대의 문화기억의 양상을 살펴보려는 이 글에서 구체적 연구 대상인 유튜브가 속해 있는 인터넷 공간을 지칭할 용어로 '디지털 네트워크 미디어'를 줄여 '네트워크 미디어'라는 용어를 사용하고자 한다. 연구와의 관련성을 고려할 때 사회 구성원들이 연결되어 있는 디지털 망 공간이라는 의미에서 '네트워크'라는 용어가 적확한 표현이라고 판단된다. 같은 맥락에서 소셜미디어라는 용어도 고려해볼 수 있는데 유튜브도 소셜미디어에 포함되기는 하나 주로 페이스북, 트위터나, 인스타그램 같은 것들이 소셜미디어의 전형으로 일컬어지고 있으며 인간관계 구축에 치중한 의미이므로 기각되었다. 일반적으로 생각할 수 있는 디지털 미디어라는 용어는 물리적 형태의 디지털 단말, 저장장치들을 포함하는 너무 광범위한 용어이다. 또 디지털 미디어와 거의 같은 의미로 사용되는 뉴미디어라는 용어 역시 '새로운'이라는 의미의 '뉴(new)'라는 수식어가 레거시 미디어에 상대적인 의미 표현을 위해 사용된 것이나 뉴미디어가 등장한 지 20년이 넘은 상황에서 더 이상 '새로운'이라는 표현은 적확한 것이 아니게 되었다. 다만, 단말장치 등을 포괄해서 지칭할 필요가 있을 때는 디지털 미디어라는 용어를 사용한다.

도 재현하지 않는, 전기자극에 의한 신호로 구성되어 있다. 디지털 문자는 상형문자에서 자모문자로의 이행 과정에서 획득한 언어의 경제성과 효율성의 비약을 훨씬 큰 폭으로 진일보시킨다. 따라서 디지털 문자는 여러 유형의 미디어를 단일한 정보 처리 시스템으로 코드화함으로써 영상, 소리, 말, 문자를 동일한 코드 체계로 기록할 수 있게 하였다. 일원화된 정보 처리 체계로서의 디지털 문자는 정보의 생성·편집·전송·저장의 용이성과 속도에서 획기적인 성취를 가져왔다. 디지털 기술의 출현으로 인한 디지털화, 저렴한 저장, 손쉬운 검색 및 글로벌 도달이라는 네 가지 주요 기술 동인은 모든 것을 빠짐없이 기억할 수 있도록 만들었다.[44] 이 기술의 발전은 기억에 대한 연구를 '영구적인 덧쓰기와 재구성의 원리'에서 바라보게 한다. 과거 문자 시대의 지속적 기입이라는 관념이 지속적 덧쓰기의 원리로 대체된 것이다.[45]

그러나 한편에서 기록과 정보 과잉으로 인한 기억의 범람은 오히려 기억의 망각에 대한 우려를 낳기도 했다. 즉 디지털 미디어 시대에 문화기억이 직면한 문제는 기억과 망각의 차이가 사라져간다는 점이며 이는 곧 문화기억의 구조가 기억과 망각

---

44 Viktor Mayer-Schönberger, *Delete: The virtue of forgetting in the digital age*, Princeton University Press, 2011, p.52.

45 알라이다 아스만, 앞의 책, 23쪽.

의 분명한 구별 없는 무의식에 가까워질 것이라는 점이다.[46] 앙
드레(Donk André)에 따르면 이러한 디지털 망각에 대한 두려움
은 다음과 같은 기술적 원인에 기인한다. 첫째, 소프트 및 하드
웨어가 빠르게 진화하여 형식 간의 비호환성이 피할 수 없는
것처럼 보인다. 둘째, CD, DVD 또는 하드 드라이브와 같은
디지털 미디어 저장장치는 20년 이상 성능이 유지되지 못하고
쉽게 삭제될 수 있다. 셋째, 인터넷 및 메일 통신은 인터넷 사
이트가 보관되지 않고 사라지기 때문에 후에 찾기 어려운 경향
이 있다는 점이다.[47] 또한 키틀리(Emily Keightley) 역시 미디어를
통해 경험한 '매개된 기억'은 탈맥락화되어 있고, 구체화된 것
이 아니기 때문에 쉽게 망각된다고 함으로써 대리된 경험과 간
접경험의 속성에 기인한 디지털 기억상실에 대해 언급한다.[48]

하지만 이러한 디지털 기술이 가져올 기억 작용에 대한 디스
토피아적 미래에 관한 전망은 네트워크로 연결된 유저들의 능
동적 문화 실천에 의해 새로운 가능성을 확보한다. 디지털 기

---

46 알라이다 아스만, 앞의 책, 293쪽.

47 André Donk, "The digitization of memory: Blessing or curse?", *A commu-nication science perspective*, Media in Transition Conference 'MIT6: Stone and Papyrus, Storage and Transmission', April 24~26, 2009, Boston: Massachusetts Institute of Technology, 2009, p.7.

48 Emily Keightley, "Conclusion: Making time—The social temporalities of mediated experience", Emily Keigthley(Ed.), *Time, media and modernity*, London: Palgrave MacMillan, 2012, pp.204~205.

술은 단순히 정보 처리 기술의 역할에서 벗어나 인터넷으로 연결된 네트워크 미디어를 통해 모든 것을 연결시킴으로써 오늘날의 디지털 문화를 구축했다. 즉, 21세기는 디지털 기술로의 이행과 그에 따른 '네트워크 사회'의 부상으로 이전과 차별화된다. 네트워크 사회는 마이크로일렉트로닉스를 기반으로 하는 정보 및 통신 기술에 의해 구동되는 네트워크로 구성된 사회를 칭하는데 이 네트워크 사회는 생산관계, 소비, 재생산 및 권력을 포함한 인간관계의 전반적인 차원에 영향을 미친다.[49] 즉 네트워크는 개인, 그룹, 기관 등 모든 단위의 사회 구성원들을 연결시킨다. 카스텔(Manuel Castells)은 또한 네트워크 사회의 고유한 특성을 다음과 같이 요약한다. 첫째, 용량, 복잡성 및 속도의 측면에서의 자체적인 확장 처리와 소통 능력. 둘째, 디지털화 및 반복적 의사소통을 기반으로 한 재결합 능력. 셋째, 상호적이고 디지털화된 네트워킹을 통한 배포의 유연성이 그것이다.[50]

　아날로그에서 디지털 시대로의 이행은 네트워크 사회를 그 전과 차별화시키는 가장 주요한 요인이며, 대부분의 학자들은 디지털 미디어가 인터넷, PC, 스마트폰, 전자책 같은 온라인과

---

49 Manuel Castells, "Informationalism, networks and the network society: A theoretical blueprint", Manuel Castells(Ed.), *The network society: A cross-cultural perspective*, Edward Elgar Publishing, 2004.

50 ibid., p.9.

오프라인 미디어의 조합이라는 데 동의한다. 디지털성, 상호작용성, 하이퍼텍스트성, 네트워크화 그리고 시뮬레이션은 디지털 미디어의 특징들인데, 이러한 것들은 전송 링크와 인공적 기억, 즉 문자, 데이터, 이미지, 사운드로 채워진 기억들의 조합이고 또한 각각 다른 단말장치에 설치될 수 있다고 본다.[51]

로건(Robert Logan)은 종종 뉴미디어라고도 지칭되는 디지털 미디어에서, '새로움(new)'이란 단지 수동적 수용자가 아닌 콘텐츠와 정보의 능동적 생산자로서 유저들의 참여를 허락한다는 점을 강조한다. 즉 능동적 참여와 상호작용성은 오늘날 디지털 미디어 이용자들이 콘텐츠를 소비하고 동시에 생산하는 프로슈머로 기능할 수 있도록 한다. 그리고 이러한 새로운 점을 가능하게 하는 것은 디지털 미디어의 기술과 상호연결성이며 매개하는 정보가 매우 쉽게 처리, 저장, 변환, 검색, 하이퍼링크된다는 것인데, 그중에서도 검색과 접근의 용이성에서 나

---

51 Jan Van Dijk, *The network society*, London: Sage Publications, 2012.
Lev Manovich, *The language of new media*, London: The MIT Press, 2001.
Jean Aitchison and Lewis Diana(Eds.), *New media language*, London, NY: Routledge, 2006.
Robert K. Logan, *Understanding new media: Extending Marshall McLuhan*, Peter Lang Publishing, 2010.
İnce Gökçen Başaran, "Digital culture, new media and the transformation of collective memory", *İleti-ş-im* 21, 2014, p.14에서 재인용.

타나는 비약성을 가장 큰 원동력으로 꼽고 있다.[52] 또한 뉴미디어는 중앙 당국, 통제 및 검열로부터의 독립성을 확보함으로써 커뮤니티와 공적 토론의 영역을 회복시키며, 뉴스와 정보의 대안적 출처가 블로그, 온라인 출판, 카메라 폰 사진을 통해 자유롭게 유포됨에 따른 '시민 언론인'의 부상을 통해 대중매체의 언론적 기능을 부활시켰다.[53]

한편 디지털 기술의 탈시공간적 특성 역시 디지털 사회의 집단기억의 구성 방식을 변화시키는 중요한 요인이다. 먼저 네트워크 사회의 구조와 기능에 깊게 관여하는, 카스텔의 이른바 초월적 시간성(timless time)은 순차적 시간성을 부정함으로 비선형적 시간성이 초래되는 것을 표현한다. 이것은 전자 하이퍼텍스트에서와 같이 순서의 임의성이나 또는 라이프 사이클 패턴의 모호함에 의해 과거, 현재, 미래를 포함한 사회적 실천의 순서를 랜덤하게 흐리게 함으로써 이루어진다.[54] 또한 기술 혁신과 새로운 소통기술로 인한 소위 시공간 압축(time-space compression)은 글로벌화를 촉진하며 전 세계를 축소시키고 있다. 오늘날 특히 네트워크 미디어 공간에서의 시간성은 유동적이며 주관적인 것으로 이해되고 있으며 더 이상 선형적이고, 거스를

---

52 Robert K. Logan, ibid., p.7.
53 Martin Lister, et al.(Eds.), *New media: A critical introduction*, 2nd Edition, London: Routledge, 2009, p.76.
54 Manuel Castells, op.cit., p.37.

수 없는 것, 측정·예측 가능한 것이 아니다.[55]

그리고 네트워크 미디어에서의 이러한 시간성은 기억의 의미화 과정에 대한 이해를 달리하도록 한다. 즉, 네트워크 미디어에 저장된 기억이 의미를 갖기 위해서는 시간성, 곧 현재성을 확보해야 하는데 이것은 정보의 생산뿐만 아니라 향유자가 축적된 기억을 선택, 반복 재생하는 과정을 통해 이루어지며 이때 이 기억들은 비순차적이고 선택적으로 소환되어 의미와 시간성을 부여받는다. 따라서 여기에서는 '디지털 기억'에 관한 고질적인 망각의 문제뿐 아니라 기술적 특징으로 말미암은 과거 사실의 변형, 조작, 도용의 문제가 함께 제기된다.[56]

2) 기억 환경의 변화에 의한 문화기억론의 확장

이제 이러한 새로운 미디어 환경에 따른 집단기억의 구성 양상 변화는 아스만 부부의 문화기억론의 확장을 요한다. 그들의 이론은 기본적으로 아날로그 사회를 모델로 구상되었기 때문에 네트워크 미디어에서의 새로운 기억 생태학에는 그대로 적용하기가 힘들다.[57] 얀 아스만의 주장을 엄밀히 적용하자면 최

55 Manuel Castells, *The rise of the network society*(Second edition), Wiley Blackwell Publishing, 2010, p.463.

56 강경래, 앞의 책, 77~78쪽.

57 비록 알라이다 아스만이 『기억의 공간』에서 디지털 시대가 맞이할 기억

근 80~100년에 가까운 동시대의 기억은 소위 소통적 기억에 해당되어 문화기억과 구분된다. 즉, 그들은 역사, 예술 및 종교 분야에 한해 '문화기억'이라는 개념을 한정적으로 사용하였으며, 이는 결과적으로 문화기억 개념이 오늘날의 온라인 기억의 맥락에 직접적으로 적용되는 데는 제한 요소로 작용하게 되었다. 그러나 현대사회에서 소통적 기억 역시 대부분 미디어를 통해 매개되며, 이것은 사회의 장기기억으로 이해될 수 있는 문화기억을 만들기 위해 보존된다는 점에서 새로운 가능성을 확보한다.

디지털 기술은 '새로운' 기억을 만들어내며 이 새로운 기억은 글로벌, 디지털, 모바일을 주요한 특징으로 삼는다. 디지털 미디어가 생성한 기억에서 중요한 점은 그것이 '매개된 기억'이라는 점이며 이 기억은 타인들과 관계된 우리의 과거 · 현재 · 미래의 감각을 (재)창조한다.[58] 그리고 디지털 기술로 인한 데이터 기록의 캡처, 저장, 관리, 재조립의 용이성은 결국 개인, 기업 및 기관의 아카이브 모두에 기억을 유통시킨다. 따라서 문화기억이 미래의 기억을 위한 물질적 기반을 저장하고 시간에 따른 사회적 기억의 구성을 위한 견고한 기반을 구축한

문제들에 대한 중요한 예찰을 보여주고는 있지만 '기억의 공간'으로서 디지털 미디어를 다루는 것이 중심 논의는 아니다.

58 José Van Dijck, *Mediated memories in the digital age*, Stanford University Press, 2007, p.21.

다는 점[59]을 상기했을 때 소통적 기억의 순환과 (재)매개 없이는 장기적인 문화기억이 존재할 수 없다고 말할 수 있다.

여기서 유튜브와 같은 네트워크 미디어는 곧 소통적 기억이 더 많이 전파될 수 있는 채널을 제공하고 문화기억의 힘을 가중시키는 역할을 한다. 네트워크 미디어는 오늘날 유저들의 실천을 위한 능동적인 공간을 제공함으로써 프로슈머로서의 탄생을 야기하였고 '대량의 셀프 커뮤니케이션'을 가능하게 함으로써 결국 소통적 기억과 문화기억의 수렴을 초래한다. 이것은 특히 네트워크 공간이 개방성과 공공성을 띠는 집단적 회상 행위를 가능하게 한다는 데 기인하며 그 방식 역시 다변화시키고 있다. 얀 아스만의 소통적 기억에서 살펴보았듯이 '누구나 공동의 과거를 회상하고 해석할 수 있는 동등한 능력을 지닌 것으로 간주'되었던 소통적 기억의 주체들, 즉 개별 유저들은 이제 네트워크 미디어 공간에서의 능동적 실천으로 과거 문화기억 영역에서 전문가들이 담당하던 영역을 포섭한다.

특히 네트워크 미디어 공간에서 유저들의 능동적 실천은 곧 문화기억의 형성에 중요한 '증언하기(witnessing)'[60]의 형태로 종종 나타나는데 이것은 미래의 집단기억을 위한 잠재적 상징과

---

59 André Donk, op.cit.

60 Barbie Zelizer, *Remembering to forget: Holocaust memory through the camera's eye*, University of Chicago Press, 1998.

저장소의 역할을 담당한다. 즉 유저들은 역사적 사건의 목격자와 증인이 됨으로써 기성 담론의 그늘에서 벗어나 과거에 대한 자유로운 해석을 수행할 수 있게 되었다. 다만 대부분의 목격하기 역시 '사실'에 대한 선택과 생략, 윤색이 개입하는 스토리텔링 형식과 '서사적 기억' 형태를 포함함으로써[61] '디지털 기억'에 상시적으로 도사리고 있는 변형과 조작의 문제를 내포하고 있다.

요컨대 오늘날 디지털 미디어, 특히 네트워크 미디어를 중심으로 하는 기억 환경의 변화를 감안했을 때 집단기억을 "매우 다양한 연상기호의 산물과 실천들"로 포괄적으로 정의하려는 올릭(Jeffrey Olick)의 주장[62]은 문화기억에 관한 최근 논의의 방향을 대변해주는 듯하다. 이제 문화기억론에서 정전(정초기억·신화) 및 아카이브 등 다소 전통적이고 제한적 영역에만 중점을 두었던 문화기억에 대한 초점이 디지털 미디어 공간에서의 커뮤니케이션을 포함하여 여러 유형의 기억 및 문화기억을 포괄하는 것으로 대체된다는 벨처(Harald Welzer)의 주장 역시 주목할

---

61 Joanne Garde-Hansen, et al.(Eds.), *Save as…Digital Memories*, Palgrave MacMillan, 2009.

62 Jeffrey Olick, "From collective memory to the sociology of mnemonic practices and products", in A. Erll and A. Nünning(Eds), *Cultural memory studies: An international and interdisciplinary handbook*, Berlin: Walter de Gruyter, 2008, pp.152~162, pp.158.

만하다.[63] 즉 문화기억장치로서 오늘날의 미디어 환경은 유저들의 능동적 실천을 통해 소통적 기억을 문화기억에 편입시키고 다양한 집단기억의 구성 방식을 가능하게 함으로써 보다 포괄적인 기억 현상을 아우르는 개념으로 확장되었다고 보는 데 의견이 모아지고 있다.

한편 인터넷과 같은 네트워크 미디어가 아카이브로 기능할 수 있는지에 대한 문제를 위해서는 가르드한센(Joanne Garde-Hansen)의 논의를 참고하고자 한다. 그는 비록 네트워크 미디어에 전통적인 아카이브의 개념을 그대로 적용하기는 힘들지만 개인과 집단의 기억이 저장되는 장소로서 여전히 아카이브로 기능한다고 주장한다. 그에 따르면 네트워크 미디어인 인터넷은 다음과 같은 네 가지 방식으로 과거에 관한 정보를 저장한다. 첫째, 네트워크 미디어는 의도적인 활동을 통해 유산과 기억을 보존함으로써 아카이브를 생산한다. 인터넷의 추모 공간인 '11 September 2001' 사이트나 'British Library's Digital Lives Project' 같은 구술 증언 프로젝트 사이트, 그리고 'Second World War Archive'의 같은 온라인 아카이브 사이트들이 그 사례들이며, 서구 사회에서 이러한 양상은 급기야 '유산 산업(heritage industry)'이라고 하는 형태로까지 나타난다. 둘째, 네트워크

---

63 Harald Welzer, "Communicative memory", in A. Erll and A. Nünning(Eds), op.cit., pp.285~298.

미디어를 통한 정보 저장 능력은 네트워크 미디어의 아카이브 도구로서의 성격을 설명해줄 수 있다. 온라인상의 음악과 사운드 컬렉션이나 구글, 위키미디어 같은 것이 인터넷과 같은 네트워크 미디어의 아카이빙 파워를 보여주는 좋은 예이다. 셋째, 네트워크 미디어는 셀프 아카이빙 능력을 가지고 있다. 이는 곧 정보를 실질적으로 유지하려는 별도의 노력 없이도 관련 자료를 기록하는 네트워크 미디어의 능력을 의미한다. 신문 아카이브, 블로그, 트위터, 폭소노미(folksonomies),[64] 디그닷컴(digg.com), 구글 트렌드 및 인터넷 아카이브(Internet Archive) 페이지는 자신을 기억하기 위해 자기를 활용하는 미디어 형식과 관행의 대표적인 예이다. 넷째, 네트워크 미디어는 창조적인 아카이브이다. 이것은 곧 사용자 창작 콘텐츠, 즉 UCC를 말한다. 개인들이 의식적 혹은 무의식적으로 생산해낸 자료들은 결과적으로 개인과 사회의 아카이브를 구성한다. 페이스북, 플리커(Flickr),[65]

---

64 folk+order+nomos(law)의 합성어로 한글로는 '사람들에 의한 분류법' 정도로 해석할 수 있다. 전통적인 분류기준인 디렉토리 대신 태그에 따라 나누는 새로운 분류체계이다. 즉 태그를 이용한 분류법이라고 할 수 있으며, 자유롭게 선택된 키워드를 사용해 구성원이 함께 정보를 체계화하는 방식을 의미하는 신조어이다. 웹 2.0세대가 추구하는 네트워크 지향 웹 형성에 기초적인 역할을 수행한다. [네이버 지식백과] 폭소노미[Folksonomy](『손에 잡히는 방송통신융합 시사용어』, 한국정보통신기술협회, 2008.12.25). https://terms.naver.com/entry.nhn?docId=3586998&cid=59277&categoryId=59279(2020년 10월 19일 검색)

65 미국의 기업 야후의 온라인 사진 공유 커뮤니티 사이트.

스마트폰 앱, 시민 저널리즘 등이 여기에 소스를 제공할 수 있다.[66]

이 중에서 무엇보다 네트워크 미디어가 창조적 아카이브로 작동한다는 점은 유튜브와 관련하여 중요하다. 디지털 미디어 기기의 모바일성, 휴대성, 접근 용이성 등은 전문가들에 의한 아카이빙이나 온라인 기억 프로젝트뿐만 아니라 네트워크 미디어가 개인들의 소통적 기억에 의한 창조적 아카이브로 기능하게 하는 데 일조한다. 그리고 이러한 현상들은 '시공간의 압축'을 통한 글로벌화의 환경 속에서 '초월적 시간성'을 통한 근원(과거)으로의 회귀를 제공하며 노스탤지어는 모든 사람들로 하여금 과거의 특정한 시간을 향한 '역사 여행자'가 되는 것을 가능하게 한다.[67] 또한 트위터, 페이스북과 유튜브 등은 사람들이 직접 경험하지 못했던 과거에 대한 이미지와 서사의 유통을 통해 보완기억의 형태로 문화기억을 보충한다. 이제 주류 미디어보다 트위터 유저가 역사의 첫 목격자가 될 수도 있는 시대가 된 것이다. 따라서 개인들의 이러한 '증언하기'는 소통적 기억의 도움으로 유저들이 역사와 문화기억의 참가자가 될 수 있

---

66 Joanne Garde-Hansen, *Media and memory*, Edinburgh University Press, 2011, p.72.

67 Marita Sturken, *Tourists of history: Memory, kitsch and consumerism from Oklahoma City to Ground Zero*, Durham, NC: Duke University Press, 2007.

도록 바꿔준다. 이러한 기억의 장소들에서는 텍스트뿐만 아니라 시각적인 자료들이 집단기억의 구성에 사용된다. 이제 '홈비디오'는 셀프 아카이브가 되고, 인권 침해나 정치적 시위 현장을 담은 이른바 '스트리트 무비'는 '대항(대중)기억'으로 기능하며 대안적 진실에 대한 접근을 통해 공식적인 국가 담론에 도전하고 커뮤니티의 아카이브를 만듦으로써 소통적 기억을 통해 문화기억을 보존한다.

3. 대중음악과 문화기억

상술한 주요 선행 연구들이나 이론적 배경에서 언급했던 연구들을 상기하였을 때 대부분의 관련 연구는 문화기억장치인 미디어 환경에 따른 문화기억의 양상에 주목하고 있었다. 물론 이 글도 궁극적으로는 디지털 미디어 시대의 문화기억 작용을 살피고자 하는 것이며 이를 위해 네트워크 미디어의 대표격인 인터넷 공간의 유튜브에 주목하고 있으나, 직접적인 연구 대상으로 대중음악이라는 예술의 한 장르가 어떻게 문화기억 형성에 관계하는가에서 시작한다는 점에서 조금 다른 접근을 이룬다. 따라서 이 글에서 밝히고자 하는 '대중음악의 문화기억'를 파악하는 작업을 위해 먼저 대중음악과 문화기억의 관계는 어떻게 바라볼 수 있는지 그리고 '대중음악의 문화기억'이란 무엇인지 그 의미를 구체화할 필요가 있다.

예술이나 학문, 기록물, 박물관 등은 저장기억을 위한 매체나 제도가 된다. 즉 음악-예술작품은 아직은 잠재적 기능기억을 위한 매체이며 의지적으로 해석되고 의미 부여되어야 기능기억을 위한 장치가 될 수 있다. 이 논의에서 '대중음악을 매개로 한 문화기억'이라 한다면 다음의 두 가지 경우를 생각해볼수 있다.

첫 번째는 예술작품으로서 음악 자체에 대한 심미적 차원의 문화기억을 생각해볼 수 있으며 여기서는 이것을 음악에 대한 '본질적 차원의 기억'이라 지칭한다. 음악작품은 서사성을 가지는 과거의 역사적 사건이 아니라는 점에서 예술작품에 대한 문화기억은 새로운 접근이 필요하다. 예술작품에서의 시간성은 '생성'과 '회귀'만 존재한다고 했던 가다머(Hans-Georg Gadamer)의 말처럼, 예술작품은 '다름'으로만 존재하며 변화 속의 지속이라는 의미 연속성을 가지고 있다.[68] 따라서 음악은 대중가요의 가사에서 과거 사실을 재현하는 경우가 아니라면 작품의 탄생이라는 측면에서만 과거의 어떤 사건이며 그것이 가지고 있는 의미는 시간성에 의해 변하지 않고 시간을 초월해 지속되며 그것을 감상하는 매 순간 소환된다. 즉 예술작품의 의미는

---

68 가다머, 「미적인 것의 시간성」, 『진리와 방법』, 정은해 역, 서울대학교 철학사상연구소, 2005, 150~155쪽.

오직 '표현'과 '해석'의 반복 속에서만 존재하기에 '과거 사실의 현재적 재현'이라는 문화기억의 개념에서 보았을 때 음악 작품의 현재적 재현은 감상과 해석을 위한 소환(회귀)이며, 곧 재생의 순간이라고 할 수 있다. 따라서 음악에 대한 본질적 차원의 문화기억은 결국 작품에 대해 사회가 형성한 지배적인 비평에 관한 것으로서 작품이 지닌 미적 표상에 관한 것이라고 보아야 한다. 즉 예술작품으로서 음악 자체에 대한 문화기억은 심미적 차원의 기억이며 이것은 음악 내적 차원의 것이다.

그런데 음악작품의 미적 심상에 대해 개인들이 가지고 있는 기억은 일차적으로 개인적 감상에서 형성된 것도 있지만 대중매체를 통해 습득한 전문가의 견해나 집단의 여론에 의해서도 크게 영향받으며 따라서 유튜브의 경우 향유자들이 음악작품에 대해 다룬 콘텐츠를 통해서도 습득된다. 여기서 음악 내적 차원의 기억은 곧 해당 작품이 당대 사회, 집단 속에서 어떤 미적 표상을 획득하고 있는가의 문제라고 볼 수 있으며 이는 대부분 대중매체를 통한 집단의 의미 부여를 통해 이루어지므로 문화기억의 영역으로 다룰 수 있다.

두 번째, 이 글에서 지칭하는 대중음악의 문화기억은 '대중음악이 촉발하는 문화기억'으로 이해할 수 있으며 작품의 미적 비평에 대한 영역을 넘어선 사회맥락적 의미를 다룬다. 여기서는 이를 '사회맥락적 차원의 기억'이라 지칭한다. 그런데 어떤 음악이나 음악으로부터 촉발된 논의가 사회적 의미를 획득하는 것은 대부분 기본적으로 멜로디, 곡조, 가사 등 음악 자체의 심미적 성격에 대한 기억으로부터 비롯되는 것이기에 작품에 대한 본질적 차원의 기억을 전제로 하며 이것이 선행되어야 한다.

대중음악이 촉발하는 문화기억, 즉 사회맥락적 차원의 기억에 대한 접근은 우리가 익히 알고 있는 대중가요사의 명곡들을 떠올릴 때 그 음악들이 우리에게 어떤 기억을 불러일으키고 있는지를 살펴보는 것에서 시작할 수 있다. 청자들이 특정한 음악에 대해 가지고 있는 기억에는 기본적으로 그 음악과 관련된 지극히 개인적인 추억이나 감상의 순간들에 관한 것들이 있다. 그러나 어떤 음악에 대한 개인의 기억 역시 결국 그가 속한 사회의 구성원으로서의 경험과 무관하지 않으며 이것은 곧 그 음악이 지닌 시대적 의미라는 것과 연관지어지기 마련인데 여기서 기억은 곧 집단의 기억과 만나게 된다. 김민기의 〈아침이슬〉에 관한 기억에는 암울했던 1970년대의 정치적 탄압과 그에 대한 민중의 저항사가 빠질 수 없고, 코리아나의 〈손에 손잡고〉를 회상할 때 제도적 민주화와 경제적 성장의 성취를 안고 새 도약의 기대에 찬 1980년대 말 한국 사회의 공기와 이의 상징으로서 88올림픽을 떠올리지 않을 수 없다. 또한 싸이의 〈강남스타일〉과 BTS의 〈Dynamite〉에 관한 기억에는 'K-pop의 세계적 도약'이라는 한국 대중음악사의 이슈적 명제가 언제나 따라올 것이다. 이처럼 대중음악은 창작과 소비 모두에서 결국 당대 사회의 정서와 욕망을 대리한다는 것을 생각할 때 대중음악을 둘러싼 사회적 기억의 구성은 당연한 것이며 그렇지 않다면 '시대를 대표하는 노래'라는 표현도 가능하지 않았을 것이다. 그리고 대중음악이 형성하는 집단의 기억, 즉 문화기억을 이러한 관점에서 보았을 때, 곧 대중음악과 문화기억에 대한 접근은 결국 그 음악이 당대 사회를 인식하는 매체로서 어떻게 소비되고 어떤 사회적 의미를 획득하는지로부터 출발할 수 있다. 따라서 이와 관련하여 이 글에서 밝히려는 대중음악의 문화기억에 대한 논의에서는 대중음악을 둘러싼 사회적 담론이 중요하게 다루어지며 이 담론들이 다루는 문제들은 결국 대중음악의 테두리를 넘어 정치, 경제, 사회 등 전반의 영역에서 집단의 지식과 인식, 신념 등을 둘러싼 기억에 관한 논의로 연결될 수 있다.[69]

요컨대 이 글에서 지칭하는 '유튜브에 나타난 대중음악의 문

---

[69] 이 외에 음악작품 자체가 창작 과정에서 과거의 역사적 사실을 재현하고 있는 경우도 있다. 과거를 재현한 텍스트로서의 대중가요를 말하는 것이며 곧 문학적 텍스트의 영역으로 다루어질 수 있는 가사를 통한 과거 재현을 말한다. 과거 한국 사회의 역사적 사건이나 사회상을 가사의 내용으로 삼는 경우가 전형적인 사례가 될 수 있겠다. 그런데 이 경우는 전체 대중음악 작품에서 보았을 때 매우 소수에 해당한다. 그리고 이 글에서는 단순한 작품의 감상 행위에 의한 기억의 구성을 다루고자 하는 것이 아니라 유튜브 공간에서의 미디어 경험과 문화 실천에 의한 기억 구성 양상을 살피는 것이 목적이므로 이 경우는 다루지 않는다.

화기억'은 곧 '대중음악을 매개로 한 유튜브 향유자들의 실천이 촉발시킨 문화기억'으로 포괄적으로 설정하고자 하며, 크게 음악 자체로서 '본질적인 차원의 기억'과 그것이 촉발한 사회적 의미로서 '사회맥락적 차원의 기억'으로 설명될 수 있다. 이 둘은 각각 음악 내적인 차원과 외적인 차원의 기억이라고 이해될 수 있으며 각각 음악의 존재론적 측면과 당위론적 측면의 관점에서 바라본 것이기도 하다. 또한 사회맥락적 차원의 기억은 본질적인 차원의 기억을 전제하기 때문에 둘의 관계는 병렬적인 것이 아니라 순차적인 것이라 할 수 있다.

　이 두 가지 차원의 문화기억은 유튜브 공간에서 대중음악을 소재로 한 프로슈머로서 향유자들의 문화 실천 행위와 이에 대한 미디어 경험이 가져온 것이다. 따라서 기억 구성의 양상은 콘텐츠가 생산, 소비, 유통되는 사회적 공간으로서의 유튜브, 그리고 향유자들의 문화 실천 행위의 사회적 성격을 전제한다. 그리고 향유자들이 어떠한 맥락에서 어떠한 방식으로 음악에 대한 논의를 콘텐츠에 소환하는가가 중요하며 이것이 곧 유튜브에서 대중음악의 문화기억의 구성 과정에 대한 고찰로 이어질 수 있다.

제3장 ▶

문화기억과 유튜브

문화기억과 유튜브

전 세계가 하나로 연결된 인터넷을 기반으로 하는 온라인 문화공간에서는 기억을 공유하는 단일한 집단을 선명하게 구별 짓고 상정하는 것이 어렵거나 무의미한 경우가 많다. 그리고 영화, TV, 문자, 사진, 장소 등에서 작동하던 문화기억의 양상은 디지털 시대에 이르러 기억의 생성, 저장, 유통, 변형 등 모든 측면에서 확연히 다른 전개 양상을 띰을 살펴보았다. 따라서 2장에서 살핀 이론적 틀을 유튜브에 적용하는 데 있어 다음과 같은 관점을 견지하고자 한다.

모리스 알박스, 얀 아스만, 알라이다 야스만을 지나 현재까지 전개된 문화기억의 논의 과정은 이러한 미디어 환경의 변화에 따라 더 사소하고 일상적인 것들의 가치에 주목해왔다. 즉 "집단 정체성을 문화기억 속에 상징적으로 근거 짓는 시대는 지났으며 얀 아스만의 문화기억에서 쫓겨난 것들, 즉 '사소

한 것', '잠재적 기억', '잃어버린 것', '무의미해 보이는 것' 등
으로 가득 찬 일상에도 기억은 자리 잡는다"는 점에 주목한다.
이제 문화기억에 대한 논의는 민족으로 고양되는 집단 정체성
이 아니라 "다양하고 특수한 복수의 우리−감정들"에 대한 존
중을 요하는 것이다.[1]

특히 유튜브와 같은 네트워크 미디어 공간에서의 집단기억
의 작동은 개인이나 집단의 정체성은 물론 규범, 제도, 가치와
관련하여 보다 미시한 영역에서, 그리고 일상에서 빈번히 편재
한 현상이 되었으며 이에 이러한 관점에서 문화기억론을 다룰
필요성이 제기된다. 즉, 과거 아스만의 논의에서 문화기억이
거시적인 시간의 축적을 전제했다면 정보의 교체와 순환이 빠
르게 이루어지는 오늘날의 네트워크 미디어에서는 기억의 생
성과 망각의 과정 역시 끊임없이 일어나기에 그 라이프사이클
도 그만큼 짧은 주기를 보여준다. 또 네트워크 공간에서 민족
이라는 범위를 벗어나 다양한 하위문화 영역을 구심점으로 이
를 향유하는 집단의 이합집산 양상은 이러한 미시적이고 빈번
한 양상을 보이는 집단기억의 생리에 대한 포착을 요구한다.

따라서 이 글에서는 유튜브 공간에서의 다양한 문화기억의
작동 양상의 분석을 위해 앞선 이론적 배경을 유튜브의 미디어

---

1 김학이, 「얀 아스만의 '문화기억'」, 『서양사 연구』 제33집, 한국서양사연
구회, 2005, 254~256쪽.

적 특성에 유연하게 적용해야 할 필요성을 제기하며 동시에 사례 분석을 위한 이론적 적용에 있어서도 아스만의 문화기억 이론을 중심으로 하되 오늘날 기억문화와 관련한 다양한 논의들을 함께 활용하도록 한다. 이러한 관점은 2장에서 살핀 '디지털 미디어와 문화기억'에 관한 최근의 논의와 궤를 함께하는 것이며 당대의 상호소통 속에서 유통되는 소통적 기억도 문화기억으로 수렴될 수 있다는 점에 주목한다. 요컨대 사건의 발생과 이에 대한 즉각적인 기록과 유통, 소통을 통해 기억의 교체 주기와 라이프사이클 순환의 가속화로 인한 복잡다기한 문화기억의 작동 양상들을 다양한 사례를 통해 미세하게 포착하고자 한다. 따라서 짧은 주기, 미세한 집단 단위에서 일어나는 집단기억의 작동 양상에도 주목하고자 하며 이것이 디지털 시대 문화기억의 구성 양상의 한 특징을 드러내줄 것이다.

이 장에서는 먼저 문화기억의 장치로서 유튜브의 조건과 환경을 파악하고 향유자들의 문화적 실천이 어떻게 문화기억의 구성을 야기하는지 살피기 위한 선행작업으로 유튜브의 대중음악 콘텐츠의 대표 유형을 파악한다. 유형별로 향유자들의 콘텐츠 제작 의도와 내용, 그리고 이로부터 시청자들이 얻는 효과 등을 확인함으로써 문화적 실천 과정에서 발생하는 기억의 구성에 대한 실마리를 포착한다. 끝으로 이러한 문화 실천의 양상을 근거로 문화기억의 공간으로서 유튜브의 성격을 규정짓는다.

1. 유튜브의 미디어 조건과 위상

문화기억의 특징에 대한 앞선 얀 아스만의 논의처럼 문화기억은 그 의미를 지속하기 위해 고정된 객체와 이의 확보를 위한 문화적 실천을 필요로 한다. 따라서 향유자들의 문화적 실천을 통해 영상 콘텐츠가 생산되고 저장, 공유되는 유튜브가 갖는 문화기억의 미디어로서의 가능성은 충분하다. 오늘날 유튜브는 곧 알박스가 말한 사회적 틀이나 얀 아스만의 문화구성체의 일환으로 볼 수 있다. 그리고 문화기억은 '현재화된 기억의 문제'를 다루므로 유튜브에 저장된 과거들은 언제든 재생을 통해 현재성을 부여받을 수 있기에 문화기억의 구성을 위한 '재료'가 된다. 또한 동일한 정보를 다수에게 동시에 전달할 수 있다는 점에서 유튜브는 대중매체이며 따라서 보완기억의 미디어이다.

여기서는 유튜브가 어떻게 디지털 시대의 문화기억 공간으로 기능하는지 알아보기 위해서 먼저 정보의 매개체로서 오늘날 유튜브가 가진 미디어적 특성과 위상을 살펴볼 것이다. 그리고 그 안에서 구성된 기억이 집단화하고 유통되는 생리를 파악하기 위한 기본적인 기술적 환경이라 할 수 있는 유튜브의 플랫폼 구성과 각종 기능에 대한 이해가 필요하며, 이는 인터페이스 구성과 메시지 표상 양식, 그리고 소셜미디어적 특성 등을 살펴보는 것으로 가능하다. 또 이 글에서 문화기억 구성

원리를 밝히기 위해 대중음악이라는 영역으로 한정지어 집중하는 만큼 음악 플랫폼으로서의 유튜브는 어떻게 향유되고 있는지, 그리고 기존의 주류 음악전문 플랫폼과의 관계는 어떻게 바라볼 수 있는지 살펴보고자 한다.

1) 동영상 플랫폼

동영상 플랫폼이라는 유튜브의 가장 기본적인 성격을 다시 한번 짚어보는 것은 오늘날 정보와 지식의 전달을 위한 포맷으로서 동영상이 갖는 주도적 위치 때문이다. 동시에 동영상 플랫폼으로서 유튜브가 갖는 미디어적 위상을 함께 살펴볼 것인데 이는 오늘날 동영상이 가장 주요한 기억 매체로 기능하게 하기 때문이다.

인터넷을 매개로 하는 유튜브는 '당신(You)만의 브라운관(Tube)', 혹은 '당신이 직접 하는 방송'을 표방하며 2005년 서비스를 시작한 동영상 플랫폼이다. 기존의 방송과는 다르게 사용자 누구나 자신이 제작한 콘텐츠(UCC)를 업로드하거나 실시간으로 방송할 수 있으며 시청자는 웹이나 앱을 통해 스트리밍 형식으로 감상할 수 있다. 회원 가입이나 유료 구독 없이도 인터넷 연결만 가능하면 누구나 무료로 이용할 수 있다는 점에서 극도의 개방성을 지니고 있다. 유튜브가 판권을 사들여 제공하는 영화 콘텐츠 등을 제외하면 유튜브는 공간만 제공하고 대부분의 콘텐츠는 유저들에 의해 채워지는 사용자 중심 플랫폼이다.

동영상 공유 플랫폼이라는 유튜브의 본질은 유튜브가 문화기억의 공간으로 기능하는 가장 기본적인 바탕이 된다. 동영상이라는 포맷은 텍스트(자막)와 이미지, 소리를 모두 활용할 수 있는 매개 방식이다. 구술성에서 시작된 문화기억의 매체로서 흐름의 주도권은 이미지−영상으로, 다시 동영상으로 이동했다. 그리고 이 전개를 따라 텍스트에서 상실되었다가 사진의 발명과 함께 복원된 현전성과 지표성에의 요구는 유튜브의 콘텐츠 포맷인 동영상이라는 매개 방식에 이르러 그 극단을 보여준다.

이제 사람들은 정보와 지식의 습득을 동영상이라는 방식을 통해 얻고자 한다. 유튜브는 사람들이 재미와 정보를 찾는 미디어 산업 분야의 규칙을 재정립했다. 오늘날 상품과 서비스 제공자의 경쟁 대상은 상품 진열대의 자리가 아니라 '시청자의 시간'이다. 즉 시청자의 관심과 주의가 디지털 시대의 수익원이며, 따라서 모든 자본은 사람들의 관심이 쏠리는 곳으로 향한다. 그리고 사람들의 관심을 끄는 무엇인가가 벌어지는 곳은 동영상 미디어 공간이다. 이제 동영상 시청은 인간이 여가를 보내는 가장 보편적인 수단으로 미국인은 하루 평균 다섯 시간을 무엇인가를 시청하는 데 보낸다.[2] 그리고 이러한 동영상 시

---

2 로버트 킨슬 · 마니 페이반, 『유튜브 레볼루션』, 신솔잎 역, 더퀘스트,

청의 흐름은 TV에서 디지털 영상 플랫폼으로 옮겨가고 있으며 그 중심에 유튜브가 있다. 결국 유튜브는 시청자의 시간을 가장 많이 확보하고 있는 플랫폼이라고 말할 수 있다.

유튜브는 인터넷에서 구글 다음으로 많이 이용되는 검색엔진이고, 월간 유튜브 로그인 사용자의 수는 전 세계 인터넷 사용자의 3분의 1인 20억 명으로 집계되었다.[3] 그런데 유튜브는 로그인하지 않고 사용하는 이가 많기 때문에 실사용자는 훨씬 더 많을 것으로 추정된다. 미국 내 미디어 브랜드 가치에 대한 모건 스탠리의 자료를 보면 1위가 유튜브를 포함한 구글이며 2위가 유튜브이다. 전 세계 소셜 미디어 서비스 사용자 수 순위에서는 1위가 페이스북이고 유튜브가 그 뒤를 이어 2위를 차지하고 있다. 그러나 주요 영상 플랫폼에 관한 자료에서만 보면 전 세계 사용 현황에서 유튜브가 월 사용자, 평균 체류 시간, 평균 방문 페이지에서 모두 압도적인 차이로 1위를 차지하고 있다.[4]

한편 국내 유튜브 사용자에 관한 한 기사에 따르면 2020년 9월 기준 한 달 앱 사용자는 4,319만 명으로 전체 인구의 약 83%에 달한다. 1인당 월 평균 사용 시간은 약 30시간으로 국민

2018, 49쪽.

3 케빈 알로카, 『유튜브 컬처』, 엄성수 역, 스타리치북스, 2018, 25쪽.

4 『매거진 B : YouTube』 83호, 2020, 147쪽.

앱으로 알려져 있던 카카오톡(12시간)과도 월등한 차이를 보이며 연령대가 낮을수록 사용 빈도가 높고, 특히 10대 남성이 월 평균 48.1시간을 사용하는 것으로 나타났다.[5]

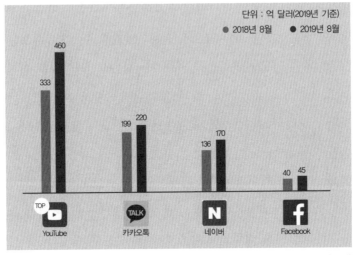

[그림 1] 한국인이 가장 오랜 시간 사용하는 앱

5 「'국민 앱' 카톡인 줄 알았더니…83%가 '이것' 30시간 쓴다」, 『한국경제』 2020.10.08. https://n.news.naver.com/article/015/0004428427(2020년 11월 3일 검색)

사용 가능 언어

80개

월간 로그인 사용자

20억 명

1분마다 업로드되는 영상 분량

500시간 이상

하루에 업로드되는 콘텐츠를 모두
시청하는 데 소요되는 시간

82년 이상

하루 동안 전 세계 사용자가
시청하는 영상 분량

10억 시간 이상

일평균 사용자 수

약 **3,000**만 명

일평균 시청 영상 수

약 **50**억 개

1회 방문 시 평균 유튜브 체류 시간
(출처 Similar Web)

5분 **21**초

유튜브 영상 평균 러닝타임

11.7분

2020년 1월 기준, 출처 : YouTube

[그림 2] 유튜브 관련 각종 통계

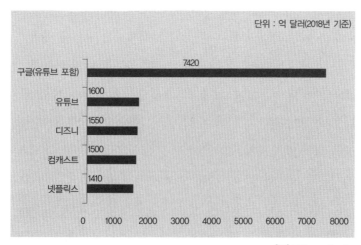

출처 : Morgan Stanley

[그림 3] 미국 내 주요 미디어 브랜드 시장가치

이상의 통계들을 볼 때 전 세계적으로는 물론이고 한국에서도 유튜브는 사람들이 가장 많은 시간을 사용하는 소셜미디어 플랫폼 중 하나라 할 수 있으며 단지 오락 채널 이외에도 다양한 정보 습득의 채널로 활용되고 있다는 점에서 유튜브가 미치는 영향은 지대하다고 볼 수 있다. 특히 유튜브에는 일반인뿐 아니라 기성 언론매체도 동등한 개별 채널 가입자로 혼재하고 있어 시청자 입장에서는 언론매체로서 유튜브의 객관성과 신뢰도에 대한 판단을 하기에 혼돈스러운 경우가 많다.

한편 유튜브 게시물은 몇 가지 측면에서 하이퍼텍스트적 성격을 갖는데, 유튜브 영상의 이러한 하이퍼텍스트적 성격은 탈시공간적 미디어 경험을 제공한다는 점에서 디지털 시대 기억 구성을 위한 조건이 된다. 가장 기본적으로는 영상 플레이 조작부의 타임 바(bar)를 통해 순차적 재생을 벗어나 원하는 지점으로 마음껏 이동할 수 있다. 또 게시자가 게시 영상과 관련된 다른 영상에 관한 하이퍼링크를 영상 화면상에 첨부할 수 있도록 되어 있어 시청 중에 바로 해당 영상으로 이동할 수 있다. 게시판과 댓글상에서의 URL 주소나 특정 텍스트도 하이퍼링크로 활성화시킬 수 있으며 영상 내의 특정 지점을 00:00:00(00시 00분 00초) 형태로 표기한 것 역시 하이퍼링크로 활성화시켜 클릭 시 곧장 영상의 해당 지점으로 이동하도록 설정할 수 있다. 화면의 우측부에 제시되는 추천영상도 넓은 의미에서 보면 하이퍼링크로 볼 수 있는데, 유튜브의 알고리즘 논리에 따라 현재 시청 중인 영상이나 시청자의 지난 시청 패턴과 연관하여 추천되는 영상의 플레이리스트가 세로로 제공된다. 이 추천영 상들은 제목과 조회수, 게시 시점이 간략히 첨부된 섬네일 이 미지가 갤러리 방식으로 보여진다.

2) SNS 플랫폼

오늘날 유튜브를 비롯한 소셜미디어가 이러한 위상을 갖게 된 것은 미디어를 통해 맺어진 소셜한 관계, 즉 '친구집단'의 특성에서 찾을 수 있다. 인터넷에서의 집단지성이 관련 정보 를 찾는 데 도움을 주는 것에 머무른다면 소셜미디어에서의 집 단지성은 결정을 내리는 것까지 대신한다. 즉 소셜미디어의 친 구는 타인의 사고에 도움을 주는 것을 넘어 의사 결정에도 직 접 개입한다. 이것은 인간이 가장 신뢰하는 대상을 친구, 전문 지식, 타인의 관심이라고 보았을 때 소셜미디어의 정보는 최소 한 이 중 두 가지 이상을 충족하는 것들이 많기 때문이다.[6] 비 슷한 맥락에서 이러한 현상을 설명한 인포메이션 캐스케이드 (information cascade)[7] 역시 소셜미디어가 지금의 영향력을 갖게 한

---

6 유승호, 『당신은 소셜한가─소셜 미디어가 바꾸는 인류의 풍경』(e북), 삼
   성경제연구소, 2012, 16쪽.
7 지나치게 많은 정보가 쏟아져 나오면서 원하는 정보를 찾기가 점점 어
   려워짐에 따라 개인들이 다른 사람들의 결정을 참고해 자신의 의사를

주요 요인이라고 볼 수 있다. 유튜브에서는 조회수나 '좋아요' 등의 수치가 바로 타인들의 선택을 보여주는 지표가 되며 이를 반영한 검색 결과 노출 방식은 유튜브에서 특정 향유자나 정보에 권력이 부여되는 원리가 된다.

유튜브 인터페이스의 구성과 기능은 유튜브가 지배적 미디어로 부상하게 된 '사용편의'라는 측면에서도 살펴볼 필요가 있다. 먼저 유튜브 홈 접속 시의 화면 구성은 크게 보아 상단에 검색창이 있고 그 아래로 유튜브가 추천하는 영상들이 섬네일과 함께 갤러리 방식으로 나열되며 좌측 사이드 바에 메뉴 기능이 구성되는 형식이다. 여기서 주목할 부분은 유튜브의 검색엔진이다. 오늘날 유튜브가 갖는 위상을 가능하게 한 요소 중하나는 강력한 검색 기능이다. 이는 유튜브의 모회사가 강력한 인터넷 검색 포털사인 구글이라는 점과 무관하지 않다. 유튜브의 검색 기능은 약간의 오타는 물론이고 한글과 영문 자판을 혼동하여 선택 검색하는 경우에도 검색자가 원하는 결과를

결정하는 현상을 말한다. 예를 들어 인터넷에서 물건을 구매할 때 다른 고객들이 어떤 제품을 주로 구매했는지를 참고해서 '따라하기' 식의 구매를 하거나, 주식투자나 외환거래 등 금융거래 시에 리스크를 줄이기 위해 다른 사람의 동향에 관심을 갖는 등의 행동이 이에 해당한다. [네이버 지식백과] 인포메이션캐스케이드(매경닷컴) https://terms.naver.com/entry.nhn?docId=16166&cid=43659&categoryId=43659(2020년 11월 4일 검색)

대부분 얻을 수 있을 정도다.[8] 이러한 뛰어난 검색 기능은 사용자 편의성을 월등히 높여줌으로써 유튜브로의 접근성과 선호도를 높여준다.

하지만 유튜브의 양식적 측면에서 보다 면밀히 들여다볼 필요가 있는 것은 영상 재생 시의 인터페이스 구성인데, 이를 통해 드러나는 유튜브의 소셜미디어적 특성은 다음과 같은 기술적 요소들에서 비롯된다. 기본적으로 영상 재생을 위한 스크린은 볼터(Jay David Bolter)와 그루신(Richard Grusin)이 TV의 가장 우월적인 특징으로 간주하는 '모니터링 기능(monitoring function)'을 재매개한다고 볼 수 있다.[9] 그리고 스크린 하단부의 영상 재생을 제어하는 플레이어는 기존의 전통저인 미디어의 양식을 차용하고 있으며, 자막 설정 메뉴와 플레이어의 일반적인 설정을

---

8   이와 관련하여 김한석은 네이버와 유튜브에서 철자를 틀리게 검색했을 때 얼마나 원래 의도한 검색어와 관련이 있는 결과를 보여주는지 비교 실험한 자료를 제시하여 유튜브의 검색 기능의 우월성을 보여주고 있다. 김한석, 「유튜브를 활용한 대중음악 홍보 전략에 관한 연구」, 단국대학교 문화예술대학원 석사학위논문, 2019, 21~22쪽.

9   재매개는 미디어 이론가인 제이 데이비드 볼터와 리처드 그루신이 제시한 개념으로, 하나의 미디어가 다른 미디어의 표상 양식, 인터페이스, 사회적 인식이나 위상을 차용하거나 나아가 개선하는 미디어 논리이다. 이 과정을 통해 뉴미디어는 기존 미디어들을 인정하거나 경쟁, 개조하면서 스스로의 문화적 의미를 획득한다. 제이 데이비드 볼터·리처드 그루신, 『재매개 : 뉴미디어의 계보학』, 이재현 역, 2006, 226~227쪽.

위한 메뉴 키 등이 배열되어 있다. 특히 유튜브가 제공하는 자동 자막 기능[10]은 세계 주요 언어를 대부분 지원하며 자동 번역 기능[11]과 함께 사용자의 타 언어권 영상 시청을 용이하게 하여 언어적 장벽을 넘어선 공감대 형성과 공유집단의 형성을 가능하게 한다.

스크린 바로 하단에는 게시자가 작성한 영상의 제목을 비롯하여 조회수, 게시 날짜 등이 표기된다. 그 우측으로는 '좋아요'와 '싫어요', 그리고 공유, 저장을 위한 메뉴가 제공된다. 엄지 올림과 내림으로 표기되는 '좋아요'와 '싫어요' 아이콘은 SNS 서비스들이 공통적으로 많이 사용하는 대표적인 양식을 계승하고 있는 것으로, 조회수와 더불어 유튜브 공간에서의 영상에 대한 사용자들의 반응을 가늠할 수 있는 지표이다.

스크린부 아래의 게시판과 댓글 공간은 텍스트를 기반으로 하는 상호 소통의 공간으로 역시 소셜미디어인 유튜브를 사회적 공간으로 기능하게 하는 중요한 특성이다. 인터넷 미디어의 가장 대표적인 표상 양식인 게시판 형식을 통해 게시자는 영상

---

10 자막 기능은 영상에서 들리는 언어를 해당 언어의 문자 자막으로 보여주는 기능이다.

11 자동 번역 기능은 구글의 웹 브라우저인 크롬을 통하여 유튜브에 접속 시 사용 가능하며 아직 기술력의 한계로 번역의 완성도는 높지 않지만 2020년 9월 현재 전 세계 108개 언어를 지원하여 영상에서 들리는 언어를 설정한 언어로 번역하여 자막으로 보여준다.

에 대한 설명을 적어 넣을 수 있게 되어 있다. 댓글 공간 역시 인터넷과 SNS 서비스의 가장 대표적인 메시지 표상 양식을 차용한 것으로 사용자들은 영상에 대한 자신의 반응을 작성할 수 있으며 다른 사용자들은 각각의 댓글에 '좋아요'와 '싫어요'를 표시함으로써 댓글에 대한 긍정 혹은 부정의 의사를 표현할 수 있다. 댓글은 다른 사용자들로부터 받은 '좋아요'의 개수와 '댓글 게시 시각' 두 가지의 기준이 적용된 복합적인 알고리즘에 의해 정렬된다. 특히 댓글의 상위 노출을 결정짓는 '좋아요' 수는 해당 영상에 대한 지배적인 여론을 가늠할 수 있는 지표일 뿐만 아니라 결과적으로 해당 영상에 대한 사용자들의 일종의 평가 척도로 기능한다는 점에서 다른 영상에 대한 다른 사용자의 견해 형성에 중요하게 작용한다. 요컨대 영상 게시자는 영상 자체의 메시지와 게시글의 부연 설명과 댓글을 통하여, 그리고 시청자들은 댓글과 '좋아요', '싫어요' 표시를 통해 서로 소통할 수 있다. 게시자는 사용자들의 댓글에 다시 답변을 다는 것으로 연속적인 채팅이 가능하다. 이러한 소통을 통해 시청자는 영상에 대한 기본적인 사실 정보의 오류를 지적하기도 하고 관련 정보를 부연하기도 한다. 나아가 영상에 대한 다양한 토론을 이어가며 유튜브를 영상과 관련한 사회적 담론의 생성 공간으로 기능하게 한다. 이러한 소셜미디어적 성격과 향유자 간의 소통이 축적되는 유튜브는 따라서 소통적 기억의 축적과 수렴을 가능하게 한다.

특히 소통적 기억의 문화기억으로의 수렴에 있어 소통적 기억이 갖는 구술성이라는 제약의 극복을 요함을 상기했을 때, 유튜브의 댓글과 웹 채팅뿐만 아니라 동영상에 활용된 내레이션과 자막 텍스트를 통한 '네트언어(netspeaking)'[12]는 이를 가능하게 한다. 인터넷의 댓글 등에서 사용되는 언어는 텍스트이지만 구어체의 형식을 띠며 이 텍스트들이 상호 구성되는 속도 역시 말하기에 가깝게 이루어진다. 따라서 네트언어는 '말하기처럼 읽히고 쓰여지는' 인터넷 공간의 언어 특징을 대변한다. 그리고 그것이 유튜브 공간에서 향유자 간 소통의 방식으로 기능함에, 의미 지속을 위한 고정된 객체를 필요로 하는 문화기억의 구성에서 네트언어를 통한 소통의 축적은 소통적 기억이 문화기억으로 수렴되는 것을 가능하게 하는 데 중요한 역할을 한다.

3) 음악 플랫폼

오늘날 유튜브가 강력한 음악 플랫폼으로서 기능함을 살펴보는 것은 음악콘텐츠라는 표본집단을 준거로 유튜브에서의 문화적 경험이 어떻게 문화기억의 구성으로 이어지는가를 밝

---

12 David Crystal, *Language and the internet*, Cambridge: Cambridge University Press, 2006, pp.24~61.

혀내려는 이 책의 논의를 위한 기본적인 확인 작업이다.

유튜브는 그 어느 방송국보다 다양한 장르의 채널이 존재하지만 그중에서도 가장 많은 비율을 차지하고 있는 장르 중 하나는 음악이다. 비록 유튜브가 '유튜브 뮤직'을 별도로 서비스하고 있지만 유튜브 뮤직을 제외하고서라도 유튜브는 오늘날 가장 큰 음악콘텐츠 제공자다. 동영상 공유 플랫폼인 유튜브가 음악산업을 이끄는 주요 리더 중 하나가 될 수 있었던 것은 본래 청각 기반의 비즈니스로 시작한 음악산업이 MTV의 등장과 함께 청각 기반의 시각적(audio-visual) 비즈니스로 옮겨가고, 다시 유튜브의 등장으로 시각 기반의 청각적(visual-audio) 비즈니스로 바뀌었기 때문이다.[13]

다음은 유튜브가 주요한 음악 플랫폼으로 이용되고 있음을 보여주는 각종 통계들이다. 국내 채널 구독자 보유 순위를 보면 상위 10개 중 5개가 음악 관련 채널이며[14] 특히 1위부터 3위까지가 모두 가수나 가수의 소속사 채널이 차지하고 있다.

---

13 「리어 코언(Lyor Cohen) 유튜브 글로벌 음악 총괄 인터뷰」, 『매거진 B : YouTube』 83호, 2020, 70~71쪽.

14 '블랙핑크'와 '방탄 TV'는 가수의 채널이며 '빅히트 레이블'과 'JYP 엔터테인먼트'는 연예기획사의 채널이다. 하지만 사실상 가수의 채널도 소속 기획사에 의해 운영되는 채널이다. '원더케이'는 카카오엠에서 론칭한 한국 대중음악 관련 동영상 서비스의 유튜브 채널이며 주로 뮤직비디오와 쇼케이스 영상 등이 업로드된다.

[표 2] 국내 채널 구독자 보유 순위

순위	사용자 이름	업로드 수	구독자 수	동영상 조회수
1	블랙핑크	322	52.7M	13,331,235,720
2	빅히트 레이블	448	46.4M	12,507,734,811
3	방탄 TV	1,328	39.7M	5,675,627,885
4	MBC entertainment	80,040	7.77M	11,863,442,062
5	BIBO와 장난감	80	133K	1,026,390,291
6	JYP 엔터테인먼트	1,190	18.9M	10,853,259,466
7	서은이야기(SeoeunStroy)	915	7.82M	3,431,681,269
8	SBS Entertainment	211,603	4.77M	4,928,951,160
9	tvN DRAMA	29,036	4.53M	4,268,050,869
10	1theK(원더케이)	13,395	21.1M	18,033,897,853

2020년 11월 기준, 출처 : Social Blade

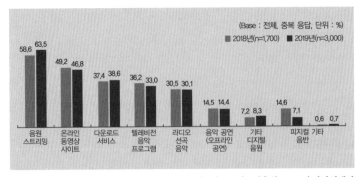

출처 : 한국콘텐츠진흥원, 2019 음악산업백서

[그림 4] 음악 감상 시 이용 수단 서비스

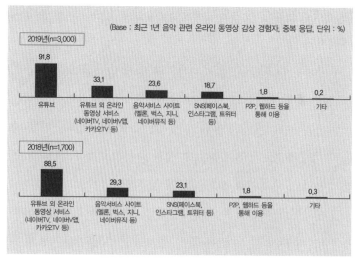

출처 : 한국콘텐츠진흥원, 2019 음악산업백서

[그림 5] 음악 관련 온라인 동영상 감상 이용 방법

'음악 감상 시 이용 수단 서비스'에 관한 한국콘텐츠진흥원의 보고서를 보면 한국인은 음악 감상의 수단으로 스트리밍에 이어 온라인 동영상 사이트를 두 번째로 많이 이용하고 있는 것으로 나타났다. 음악산업이 디지털 환경으로 넘어온 이래 스트리밍과 다운로드가 주요 경로로 인식되어왔으나 이제 스트리밍에 이어 동영상의 형태로 음악을 '시청'하는 방식으로 감상하는 비율이 상당함을 알 수 있다. 여기서 온라인 동영상 사이트 항목을 구성하고 있는 구체적인 플랫폼을 따로 명시하고 있진 않지만 [그림 5]에서 알 수 있듯이 온라인 동영상 사이트 이용률의 90% 이상을 유튜브가 차지하고 있어 사실상 대부분의 온라인 동영상 사이트를 통한 음악 감상은 유튜브를 통해 이루어지고 있다.

주지하듯 디지털 시대로의 전환과 함께 음반산업의 중심 역시 실물 음반에서 스트리밍과 다운로드로 이동하면서 음악을 소비하는 주요 채널은 온라인 플랫폼으로 바뀌었다. 이들 중 음악 플랫폼으로서의 유튜브의 성격은 유튜브가 가진 종합 엔터테인먼트 미디어로서의 성격의 일부분에 해당한다. 따라서 스포티파이나 애플뮤직, 멜론과 같은 음악전문 플랫폼(이하 전문 플랫폼)이라고 할 수 있는 기성 음악산업 주체와 유튜브의 관계를 살펴보는 것은 대중음악의 문화기억 공간으로서 유튜브의 차별성과 위치를 드러내기 위한 선행 작업이다.

먼저 음악콘텐츠의 핵심이라 할 수 있는 공식 음원과 뮤직비디오의 제공 측면에서 보면 전문 플랫폼 서비스의 핵심은 이 두 가지를 제공하는 것이다. 다운로드 서비스는 점차 이용률이 줄어드는 추세이며 이를 비롯한 부속 콘텐츠는 서비스 이용자들의 이용 동기의 큰 부분을 차지하지는 않는다. 전문 플랫폼은 정기적인 이용료를 받고 운영되기 때문에 최대한 많은 가수의 모든 음악을 빠짐없이 제공하는 것을 표방한다. 그리고 유튜브는 음악 감상의 핵심인 공식 음원의 스트리밍과 뮤직비디오 시청이라는 측면에서 이들과 경쟁한다. 유튜브에서는 이미지에 음원만 첨부된 형태로 이루어진 콘텐츠를 통해 스트리밍과 비슷한 방식의 음악 감상법이 널리 활성화되어 있다. 그리고 뮤직비디오 검색의 경우 유튜브에서 목표 정보에 더 손쉽게 도달할 수 있다. 이러한 상황에서 유튜브가 갖는 개방성과 접근성[15]에서의 우위, 즉 무료 이용이 가능하고 로그인이 필요 없으며 별도의 앱 없이도 인터넷 접속만 가능하면 이용할 수 있다는 점에서 음악 감상자들을 유튜브로 끌어오고 있다.

전문 플랫폼은 가수나 소속사가 정식 발표한 공식 자료만을 저작물 권리자로부터 넘겨받아 서비스하는 만큼 제공하는 정보에 대한 객관성과 신뢰성을 담보하고 있다. 또 이 정보들이 시대별, 가수별, 음반별로 체계적으로 정리되어 있으며 전문가에 의해 전통적인 음악 장르 구분법에 따른 범주화를 시도한다. 여기에 시기별, 장르별 인기 차트 등이 집계되고 있으며 따라서 이러한 자료들을 포괄하는 아카이브는 음악산업에 대한 지표로서뿐만 아니라 공식 대중음악사의 기준 사료로 기능할 수 있다.

그런데 이러한 측면에서 유튜브를 살펴보면 유튜브의 자료 업로드에는 아무런 분류 체계나 기준이 없다. 특히 가수나 소속사의 오피셜 채널 이외에도 일반 향유자들이 올린 더 많은 수의 자료들이 서로 뒤엉켜 있으며 여기에는 오직 제목과 해시

---

15 전문 플랫폼도 무료 사용자가 접근할 수는 있지만 '1분 미리 듣기' 외에는 서비스 이용에 제한이 많아 실질적으로는 활용되지 않는 방법임에 비해 유튜브는 광고 시청을 감수하는 대가로 대부분의 주요 서비스를 무료 이용 가능하다.

태그에 의한 간단한 라벨링만 되어 있다고 할 수 있다. 전문 플랫폼처럼 가수나 음반에 대한 기본 정보들을 제공하는 페이지와 특정 음원과 뮤직비디오의 존재가 반드시 보장되지 않는다. 즉, 유튜브의 음악 자료에서 관련 상세정보의 유무나 그 객관성은 보장되지 않는다.

한편 전문 플랫폼과 유튜브 모두 소셜미디어로서의 성격을 가지고 있으나 그 범위와 확장성에서는 차이를 보인다. 댓글을 통해 소통하고 공유 기능을 통해 플랫폼 외부로 연결될 수 있다는 점에서는 양자가 공통적이나 전문 플랫폼은 하이퍼링크를 통한 접근을 위해 전용 앱의 설치를 유도하며 이 과정은 공유의 큰 제약으로 작용한다. 또 전문 플랫폼들은 글로벌 시장을 분할하고 있어 서로 다른 플랫폼 사용자끼리의 공유 역시 위와 같은 과정에서 부딪히게 된다. 반면에 유튜브는 중국과 같이 통제가 이루어지는 특정 소수의 지역을 제외하면 인터넷 이용이 가능한 전 세계 모든 사람들이 공통적으로 가장 많이 사용하는 음악 플랫폼이라고 할 수 있으며 앞서 설명한 개방성과 접근성 때문에 공유 기능을 통해 전 세계 대부분의 인터넷 사용자를 유튜브로 소환할 수 있다는 점에서 확장성의 측면에서 월등한 우위를 점한다.

이상의 논의를 종합할 때 유튜브가 갖는 가장 큰 차별성은 결국 그것이 향유자 중심의 공간이라는 점이며 여기서 비롯된 특성들은 결국 전문 플랫폼과 유튜브를 상보적 관계에서 바라보게 한다. 즉 전문 플랫폼에서 향유자가 주어진 콘텐츠를 즐기는 수동적 이용자에 머물러 있다면 유튜브에서는 스스로 능동적으로 생산한 콘텐츠로 플랫폼이 채워지며 전문 플랫폼에서 할 수 없는 음악적 경험을 제공한다. 이는 특히 동영상이라는 포맷이 향유자가 원하는 메세지를 전달하는 데 가장 다양한 표현 기법을 활용할 수 있는 형식이라는 점에 기인하며, 콘텐츠를 손쉽게 제작할 수 있게 하는 디지털 기술의 편의성에 힘입어 유튜브가 '스토리텔링 플랫폼'으로 기능할 수 있도록 한다. 따라서 공식 자료를 매개로 끊임없이 새로운 유형의 즐길거리와 다양한 하위문화를 만드는 향유자들에 의해 구축되는 유튜브 생태계는 예측 불가능하고 규정할 수 없는 음악 플랫폼이 된다. 이러한 향유자들의 실천은 전문 플랫폼이 확보하지 못한 희귀 자료로 음악사 아카이브를 보완하는 것은 물론 옛 노래나 주목받지 못했던 곡에 대중의 이목을 집중시켜 기존 음악산업에 역으로 영향을 미치고, 주류 음악산업이 포착하지 못한 이야기를 발견하거나 부여함으로써 새로운 흐름을 만들어내기도 한다.

결국 유튜브는 두서없지만 다양하고 창의적인 음악콘텐츠가 생산되고 소비되는 공간이며 여기서 비롯된 확장된 가능성들이 곧 향유자를 주체적이고 능동적인 과거 해석자로 기능할 수 있도록 하여 이것이 전문 플랫폼에서는 찾을 수 없는 문화기억 구성에 대한 새로운 가능성을 제공한다.

2. 유튜브 공간과 음악적 경험

여기서는 유튜브 대중음악 콘텐츠의 대표 유형을 파악하는 작업을 수행한다. 이것은 오늘날 유튜브에서 향유자들의 일상의 음악적 실천이 어떻게 집단기억의 구성과 연관되는지 파악하기 위한 선행작업이다. 다만 이와 관련해서는 서론에서 언급한 바와 같이 다음과 같은 전제가 필요함을 다시 한번 상기한다. 즉, 사용자 중심의 플랫폼인 유튜브에서 대중음악 콘텐츠의 양상은 15년간의 역사를 거치며 더 다양하고 새로운 방식으로 음악을 즐기려는 쪽으로 변화하여왔으며, 따라서 비록 이글에서 유튜브의 대중음악 콘텐츠 유형에 대한 일반화를 시도하고 있지만 이것은 2020년 유튜브의 지형이라는 한시적인 조건에 제한된다. 다만 유튜브에서 음악을 즐기는 새로운 방식은 계속 생겨나고 다양해졌지만 한 시절에만 유행하고 사라진 중요한 콘텐츠 유형이라고 할 만한 것들은 발견되지 않았기에 여기서 도출된 유형은 현시점까지의 대표적 유형이라 하기에 무리가 없다고 판단된다.

필자는 유형 분류를 위한 유튜브 검색 결과를 통계로 정리해보았다. 조사는 2020년 10월 30일에서 11월 1일 사이에 걸친 검색 결과를 기준으로 이루어졌다.[16] 대중음악과 문화기억에

---

16 유튜브에서는 1분마다 800시간 이상 분량의 콘텐츠가 새로 업로드될

대해 상술한 관점을 전제로 했을 때 이 글에서 지칭하는 유튜브 공간의 대중음악 콘텐츠는 공식 음원과 뮤직비디오는 물론 음악 관련 소재 및 주제와 연관된, 향유자들의 문화 실천에 의한 '파생 콘텐츠'까지를 포함한다.[17] 그리고 그 대표 유형을 도출하기 위한 과정을 크게 두 단계로 나누어 실시하였다. 먼저 대표 가수와 곡을 선정하고 이를 바탕으로 유튜브 검색을 실시하였다. 그리고 유튜브 검색 결과에서 가장 많은 비율을 차지하는 상위 10개 유형을 추려 대표 콘텐츠 유형을 도출하였다. 이를 위한 세부 절차와 시행 기준은 다음과 같이 적용하였다.

사전 작업과 조사 범위 선정

콘텐츠 유형 분류를 위한 사전 작업 과정에서 시대별, 장르별 유명 가수들의 이름으로 무작위 검색해본 결과 시대에 따른 음악콘텐츠 유형에는 큰 차이가 없는 것으로 나타났다. 대부분

정도로 정보의 양이 늘어나기 때문에 데이터 산출을 위한 검색은 최대한 짧은 시간에 집중적으로 수행되었으며 이 시점으로부터 검색 시점이 바뀐 경우에는 그 결과가 다를 수 있다. 또한, 검색을 한 기간은 불과 이틀에 불과하지만, 검색의 결과는 수년간에 걸쳐 게시된 영상들을 거의 전부 보여줄 수 있으므로 검색을 한 기간이 짧다는 것은 결과 분석의 내용에 큰 영향을 미치지 않는다.

17 공식 음원과 뮤직비디오가 원천 콘텐츠라고 한다면 2차 콘텐츠라고도 불리는 파생 콘텐츠는 음원에 대한 라이브 영상을 포함해서 원천 콘텐츠를 매개로 만들어진 모든 콘텐츠를 포함한다.

의 파생 콘텐츠 창작이 유튜브를 보다 적극적으로 향유하는 젊은 세대에 의해서 주도되기 때문에 그들이 듣고 자라거나 현재 좋아하는 2000년대 이후 최근 가수에 관한 콘텐츠가 보다 다양한 유형으로 발견되었다. 따라서 콘텐츠 유형 조사를 위해 대상 범위는 최근 3년, 즉 2017년부터 2019년까지에서 선정하였다.

대표 음악장르 선정

오늘날 대중음악에서 가장 활발한 소비가 이루어지는 대표 장르라 할 수 있는 발라드, 댄스, 힙합의 세 장르에, 다양한 장르의 성격이 혼재하는 음악을 팝이라는 장르로 별도 설정하여 총 4개의 장르를 선정하였다.

장르별 대표 가수 선정

가장 많은 이용자를 보유하고 있는 음악전문 플랫폼 멜론의 '연도별 차트'에서 2017~2019년 연도별 Top 100곡 중 가장 많은 곡을 순위 안에 올린 가수를 조사하고 3개년의 결과를 종합하여 장르별 1위 가수를 선정하였다. 그 결과 발라드는 폴킴, 댄스는 방탄소년단(BTS), 힙합에서는 지코, 팝에서는 아이유가 선정되었다.

가수별, 곡별 유튜브 검색

가수와 곡으로 분리하여 진행한 이유는 한 가지로만 했을 때 유형이 편중되거나 누락될 수 있는 가능성을 줄이기 위함이다. 검색곡은 보다 다양한 유형이 예상된다고 판단되는 가수의 대표곡 중 임의 선정하였다. 장르별 가수 이름으로 검색한 결과의 상위 200개씩, 곡명으로 검색한 결과의 상위 100개씩 총 1,200개의 검색 결과 콘텐츠를 조사하였다. 가수의 이름으로 검색 시 더 다양한 유형이 발견된다는 점에서 곡별 검색보다 검색 개수를 더 많이 설정하였다. 검색 조건은 기본 검색 설정인 '관련성' 기준을 따랐으며 로그아웃한 상태에서 검색하였다.

이상의 검색 결과를 바탕으로 대표적인 대중음악 콘텐츠 유형을 다음과 같은 절차와 기준으로 도출하였다.

콘텐츠 유형 분류 기준

콘텐츠 유형을 구분 짓는 기준은 콘텐츠-동영상의 내용이다. 다만 도출한 유형은 현재 유튜브 문화에서 이미 정착되어 유통되고 있는 콘텐츠 유형들을 최대한 반영하고 그 표기법 또한 그대로 사용하고자 하였다. 이것이 일상의 음악콘텐츠 향유, 즉 일반적으로 익히 알려진 유튜브 음악콘텐츠의 생산과 소비 행위가 어떻게 집단의 기억 구성에 가담하는지 밝히려는 이 글의 의도에 더 부합하기 때문이다. 그러므로 대표 콘텐츠 유형 도출의 결과는 기술적 분류에만 치우치지 않고 유튜브의 기억 작동 양상을 더 직관적으로 파악하기 위한 현실적이고 실용적인 분류가 되는가를 보다 중요한 기준으로 삼았다.

대중음악 콘텐츠 유형 도출

따라서 이상의 논의를 종합하여 검색 결과에서 가장 많은 비율을 차지하는 9개의 대표 유형을 설정하였다.[18] 그리고 이 9개는 유튜브 콘텐츠화 과정에서 단순 재매개 중심으로 이루어진 '오디오 중심 영상', '라이브 영상'과 '오피셜 뮤직비디오', 유튜브 향유자의 보다 능동적인 실천에 의해 의미가 구성될 수 있는 '플레이리스트 영상', '커버 영상', '리액션 영상', '해석 영상', 'UCC 뮤직비디오', '기획보도 영상'이 각각 그것이며 일정한 비율을 확보하지 못해 별도의 유형으로 포착할 수 없는 나머지 것들은 '기타'에 분류하였다.

---

18 유튜브의 콘텐츠는 향유자가 기존의 다른 기존의 다른 저장장치는 물론 주로 방송 등 다른 미디어에 매개된 것을 그대로 가져오거나 일부를 발췌, 인용의 형식으로 단순 재매개한 것과 이 재료를 활용하여 좀 더 능동적으로 창작한 것의 두 가지로 그 성격을 나눌 수 있다. 이러한 점은 이후 각각의 콘텐츠 향유 행위를 기억 구성의 관점에서 파악하기 위한 참고점이 된다.

[표 3] 유튜브 대중음악 콘텐츠 유형의 가수별 통계

콘텐츠 유형	폴킴	
라이브	69	34.50%
UCC MV	46	23.00%
커버	25	12.50%
플레이리스트	23	11.50%
오피셜 MV	19	9.50%
오디오 중심	12	6.00%
기타	3	1.50%
기획보도	2	1.00%
해석	1	0.50%
리액션	0	0.00%
	200	100%

콘텐츠 유형	방탄소년단 BTS	
라이브	108	54.00%
오피셜 MV	23	11.50%
UCC MV	19	9.50%
리액션	19	9.50%
커버	9	4.50%
오디오 중심	7	3.50%
해석	7	3.50%
기획보도	4	2.00%
기타	3	1.50%
플레이리스트	1	0.50%
	200	100%

콘텐츠 유형	아이유	
라이브	88	44.00%
커버	27	13.50%
오피셜 MV	22	11.00%
UCC MV	15	7.50%
오디오 중심	14	7.00%
플레이리스트	14	7.00%
기획보도	8	4.00%
리액션	4	2.00%
기타	4	2.00%
해석	4	2.00%
	200	100%

콘텐츠 유형	지코	
라이브	61	30.50%
커버	31	15.50%
오피셜 MV	28	14.00%
UCC MV	25	12.50%
오디오 중심	19	9.50%
플레이리스트	13	6.50%
기획보도	10	5.00%
기타	5	2.50%
리액션	4	2.00%
해석	4	2.00%
	200	100%

[표 4] 유튜브 대중음악 콘텐츠 유형의 노래별 통계

콘텐츠 유형	폴킴 〈모든 날, 모든 순간〉	
커버	43	43.00%
라이브	23	23.00%
UCC MV	16	16.00%
오디오 중심	10	10.00%
기타	4	4.00%
오피셜 MV	1	1.00%
플레이리스트	1	1.00%
리액션	1	1.00%
해석	1	1.00%
기획보도	0	0.00%
	100	100%

콘텐츠 유형	방탄소년단 BTS 〈피 땀 눈물〉	
라이브	46	46.00%
리액션	22	22.00%
커버	12	12.00%
UCC MV	9	9.00%
해석	4	4.00%
기타	3	3.00%
오피셜 MV	2	2.00%
오디오 중심	1	1.00%
기획보도	1	1.00%
플레이리스트	0	0.00%
	100	100%

콘텐츠 유형	아이유 〈에잇〉	
커버	47	47.00%
UCC MV	13	13.00%
오디오 중심	9	9.00%
리액션	7	7.00%
해석	7	7.00%
라이브	4	4.00%
기타	4	4.00%
오피셜 MV	3	3.00%
플레이리스트	3	3.00%
기획보도	3	3.00%
	100	100%

콘텐츠 유형	지코 〈Artist〉	
라이브	48	48.00%
UCC MV	16	16.00%
커버	12	12.00%
리액션	11	11.00%
오디오 중심	7	7.00%
오피셜 MV	2	2.00%
기획보도	2	2.00%
기타	1	1.00%
플레이리스트	1	1.00%
해석	0	0.00%
	100	100%

[표 5] 유튜브 대중음악 콘텐츠 유형의 종합 통계

전체 종합	
콘텐츠 유형	비율
라이브	37.25%
커버	17.25%
UCC MV	13.25%
오피셜 MV	8.33%
오디오 중심	6.58%
리액션	5.67%
플레이리스트	4.67%
기획보도	2.50%
해석	2.33%
기타	2.25%
	100%

[표 3]은 네 가지 대표 장르인 발라드, 댄스, 힙합, 팝 장르의 대표 가수인 폴킴, BTS, 지코, 아이유에 대한 검색 결과이다. 콘텐츠 유형별 비중에서의 서로 다른 결과는 가수가 지향하는 음악 스타일에 따라 향유자들의 빈번한 실천이 나타나는 콘텐츠 유형이 각기 다름을 보여준다. [표 4]는 이 대표 가수들의 각각의 대표곡 중 하나를 선정하여 검색한 결과이고 가수 이름으로만 검색하였을 때 포착되지 않는 콘텐츠들이 있기 때문에 이를 위해 특정 곡을 기반으로 검색 결과를 보완하였다. 따라서 [표 3]과 [표 4]의 결과를 종합하여 유튜브의 대표적인 대중

음악 콘텐츠 유형을 [표 5]와 같이 도출하였으며 위로부터 비중이 높은 순으로 나열하였다.

이상의 과정을 거쳐 도출된 대중음악 콘텐츠의 아홉 가지 유형은 다음과 같으며 이를 통해 디지털 시대 온라인에서 향유자들의 음악적 경험–문화적 경험의 주 양상을 살펴볼 수 있다.

1) 라이브 영상

온라인 시대 유튜브라는 동영상 플랫폼은 소장품을 '공유'하는 욕망을 한껏 부추겼고 '사적 경험의 불특정 다수와의 공유'는 더 손쉬운 것이 되었으며 이전에 없던 새로운 문화를 파생시켰다. 이것은 음악 연행과 관련한 문화적 경험의 영역에서도 마찬가지였는데 이른바 스마트폰이 대중적으로 보급되기 전에는 좋아하는 가수의 라이브 영상을 직접 촬영하고 감상하는 것은 다분히 개인적인 영역의 일이었다. 저 먼 아날로그 시대의 거대한 별도 촬영장비는 물리적 제한이 많았으며 디지털 시대로 넘어온 이후에도 소위 캠코더를 포함한 디지털 카메라가 있었지만 저장매체를 통해 컴퓨터로 영상을 옮긴 후에야 정보에 대한 다양한 활용 가능성을 전제할 수 있었기 때문이다. 하지만 디지털 컨버전스의 집약체라 할 스마트폰의 등장은 모바일과 초고속 인터넷의 기술 위에서 새로운 시대를 열었다. 직캠[19]이라는 용어가 본격적으로 사용된 것도 스마트폰의 등장 이후이다.

한편 대중매체의 등장은 집단에게 공통의 경험을 균질하게 제공하게 하였으나 이제 오히려 넘쳐나는 미디어 속에서 사람들이 다 소화하지 못하거나 못 본 채 지나치는 콘텐츠가 늘어났다. 이에 온라인 팬덤 활동은 미디어 속 자신의 우상의 핵심 부분만을 추려 모아 공유하는 형태로 전개되는데, 유튜브에서는 주로 기존 미디어 방영분의 재매개라는 양상으로 나타난다. 당연하게도 동영상 플랫폼인 유튜브는 라디오든지(오디오) TV든지(비디오) 오리지널 방송 결과물을 온전히 그대로 가져오기에 충분하기 때문이다.

이 글에서 유형화한 라이브 영상에는 DVD · VHS · LD 등 기존의 타 매체[20]에 담겨 있던 공연 영상 등을 디지털 데이터화한 자료, 게시자가 직접 촬영한 공연 '직캠'을 포함해 직접 제작한 영상, TV나 보이는 라디오 등 방송 방영분의 재매개 등 공연 실황 장면이 담긴 모든 동영상[21] 부류가 속한다. 동영상

---

19 '직접'과 'cam(camera)'의 합성어로 일반 관객이 직접 촬영한 영상을 의미한다.

20 매체의 영어 표기가 미디어이지만 신문, TV, 라디오 등과 같은 매스커뮤니케이션을 지칭할 때는 미디어로, 자기 카드 · 디스크 · 종이/자기 테이프 등 정보의 기록, 저장, 이동을 위한 장치나 기기로서의 미디어인 경우 매체로 표기하는 것이 일반적이다.

21 종종 영상이 동영상의 대용어로, 혹은 두 단어가 별다른 구분 없이 쓰

여부를 적시하는 것은 시청을 위한 라이브 영상을 (거의) 청취만를 위한 '오디오 중심' 영상과 구분 짓기 위해서이다. 또 영상 제목에 '커버'라는 점을 명시하지 않더라도 원곡 가수가 아닌 타 가창자가 다른 가수의 곡을 라이브로 부른 영상의 경우에는 성격상 '커버' 영상으로 분류한다.

타 매체에 개인적으로 소장하고 있던 자료를 영구 소장을 위해 디지털화하고 그 과정을 통해 희귀 영상을 공개하거나 이미 방송 등을 통해 매개되었던 것들을 재매개함으로써 그 가치를 알리고 제고하려는 의도에서 제작된 영상이 주를 이룬다.

2) 커버 영상

좋아하는 가수의 춤이나 노래를 따라하는 것은 팬덤활동의 오랜 레퍼토리다. 그러나 동영상 플랫폼의 활성화 이전에는 이 역시 극히 개인적인 영역에 국한되었다. 이러한 음악적 경험이 조금 더 많은 사람과 공유되는 경우라면 이례적 오프라인 공간(장기자랑, 회식자리, 동호인들의 모임 등)이나 나아가 조금 더 어렵

이고 있으나 사실 영상은 영어의 picture, image에 해당하는 말이다. 따라서 시간의 흐름에 따라 변화하는 영상, 즉 움직이는 영상을 가리킬 때는 동영상(video)이 정확한 표현이지만 일반적인 용례를 따라 상위 개념인 영상으로 표기한다. 동영상과의 의미 차이를 분명히 할 필요가 있을 경우 동영상으로 적시하기로 한다.

게 방송 출연이라는 계기를 통해서만 집단과의 소통을 상상할
수 있었다. 하지만 유튜브의 등장은 일상의 음악적 경험에서
상대적으로 비중이 크지 않았던 '흉내내기와 따라하기' 콘텐츠
를 주요한 음악문화로 부상시켰다.[22]

커버(cover) 영상이라 하면 기본적으로 기존의 노래나 안무,
연주를 원본에 충실하게 모방 재연하는 모습을 촬영한 영상이
다. 하지만 표현 양식이나 스타일에 변화를 주어 다분히 주관
적이거나 창의적인 해석적 관점을 드러내는 성격을 지닌 커버
영상도 많고 이때 가미된 변형의 양상과 정도도 다양하다. 이
러한 영상들은 내용상 리메이크나 패러디물이라고 보는 것이
합당하나 이제는 유튜브에서 커버라는 용어가 이러한 개념을
모두 포함하는 대체적 용어로 혼용되고 있다. 즉 원곡에 대한
변주나 비틀기 수위에 대한 구분 없이 모두 '커버 영상'이라는
이름을 달고 유통되고 있다. 대부분 원곡에 대한 오마주, 경의
의 마음을 담고자 하거나 자신의 실력과 해석력을 내보이려는
데서 비롯된 것이다.

---

22 국내에서는 '아프리카TV' 등 상당한 이용자를 보유한 독자적 플랫폼에
서 먼저 이루어지기도 하였으나 보다 대중적인 문화로 자리 잡은 것은
유튜브의 등장 이후라 할 수 있다.

3) UCC 뮤직비디오

UCC(User Created Contents), 즉 사용자 창작 콘텐츠 형태로 기성 가수의 노래에 대한 뮤직비디오를 만들어 공유하는 것은 동영상 플랫폼 시대에 이르러서야 대중화될 수 있었는데 여기에는 디지털 영상 편집 프로그램의 대중화라는 기술의 진보 역시 몫이 크다. 이제 향유자들은 좋아하는 음악에서 얻었던 시각적 영감을 자신만의 감각으로 비교적 손쉽게 풀어낼 수 있게 되었으며 더불어 원작 뮤직비디오에 대한 모방하기나 비틀기 문화는 유튜브 시대에 이르러 한층 만개한다.

이 글에서 말하는 UCC 뮤직비디오는 게시자가 다양한 방식으로 창작, 2차 창작해 만든 뮤직비디오의 형태를 띤 모든 영상을 포함한다. 매우 광범위한 유형을 포괄하며 원본에 대한 해석이나 덧쓰기, 고쳐쓰기, 비틀기의 정도에 따라 드러나는 창작자의 해석적 관점의 반영 양상도 광범위하다. 영상의 제작 의도 측면에서도 단순한 유희에서 비롯된 것, 원작에 대한 애정과 경의의 표현, 원작에 대한 비판적 해석, 풍자 등 매우 다양하다.

4) 오피셜 뮤직비디오

오피셜 뮤직비디오라 함은 가수나 가수의 소속사에서 제작한 공식 뮤직비디오이다. 과거 특정 노래의 오피셜 뮤직비디오가 소비되는 공간은 주로 MTV나 Mnet과 같은 음악전문 방송을 포함한 텔레비전이었다. 하지만 음악 소비의 큰 흐름이 스트리밍으로 넘어온 이후 멜론과 같은 음악전문 플랫폼이 그 역할을 나누어 가졌는데 이 역시 유튜브 등장 이후에는 주도권이 크게 넘어왔다. 이제 어떤 가수의 뮤직비디오가 얼마나 소비되었는가의 지표는 유튜브 조회수로 대표된다. 유튜브에서 향유자들은 뮤직비디오 콘텐츠를 시청 목적뿐만 아니라 시청취 — 다른 일을 하면서 곁눈질로 영상도 보는 — 목적으로도 활용하고 있다.

오피셜 뮤직비디오는 과거 DVD · VHS 테이프 · LD 등에 담겨 있던 영상 등의 유튜브 재매개 등도 포함한다. 가장 많은 비중을 차지하는 경우는 원곡의 제작사나 가수의 공식 채널, 원더케이(1theK)나 비보(Vevo)와 같은 영상물 유통 서비스의 공식 채널 등에 게시된 뮤직비디오이다. 물론 이 경우 뮤직비디오 제작자 측의 홍보마케팅이 주목적이다. 일반 개인들이 아날로그 자료로 보관하던 것을 디지털화하여 업로드하는 경우는 역시 자료의 영구 보존이나 공유와 공감 유발을 통한 가치 제고의 의도가 주가 된다. 대부분 2000년대 이후 체계화된 음악전문 플랫폼들이 온전히 보유, 서비스하지 못하던 더 오랜 과거의 개인 소장 뮤직비디오가 더해지면서 유튜브는 음악은 물론 뮤직비디오사(史)를 탐험하며 노니는 것만으로도 수많은 시간을 탐험해야 할 공간이 되었다.

5) 오디오 중심 영상

앞서 언급한 바처럼 음악전문 플랫폼에 비해 유튜브가 갖는 개방성과 편의성의 상대적 우위는, 일상에서 언급된 특정 음악을 링크를 통해 타인과 공유하기에 가장 적절한 수단으로서 유튜브로 많은 사용자를 유입시켰다. 이제 향유자들은 더 쉽고 빠르게 좋아하는 음악을 공유하고 언급된 음악을 참조하고 확인할 수 있게 되면서 음악적 소통의 편의성이 확장되었다. 특히 저작권 측면에서도 상대적으로 사각지대가 존재하는 유튜브는 그 자유만큼 다양하고 많은 양의 자료가 존재할 수 있는 공간이 되었으며 유튜브는 가장 거대한 음악 라이브러리가 되었다.

오디오 중심 영상은 가수의 오피셜 스튜디오 앨범 음원과 라이브 실황 음원, 미발표 음원 등에 간단한 이미지만 첨부하여 음악 감상용으로 '오디오 자료화'한 영상이 주를 이룬다. 형식은 동영상의 형태를 띠고 있지만 실제로는 거의 정지 화면이거나 비디오상의 내용은 없어 이미지를 제외하면 영상의 주된 내용을 결정짓는 것은 오디오의 내용뿐이라고 할 수 있다. 게시자가 개인적으로 소장하고 있던 음반 등 타 매체에서 추출한 자료, 다른 미디어에 게시된 자료에서 추출한 음원 등에 간단히 이미지를 첨부한 경우가 대부분이다. 이미지는 주로 해당 음원이 포함된 앨범의 아트워크나 가수의 사진, 수록곡 리스트 등을 활용한 것들이 사용된다. 좋아하는 음악의 유튜브 감상용 자료를 위해 만들거나 자신이 소장하고 있던 희귀 음악, 방송되었던 것들을 다시 공유함으로써 그 가치를 알리고 제고하려는 의도가 주가 된다.

6) 리액션 영상

리액션 영상은 특정 대상에 대한 다른 사람의 리액션(reaction), 즉 반응을 관찰하는 것을 내용으로 하며 음악과 관련해서 리액션 영상은 영상에 등장하는 개인 혹은 그룹의 사람들이 특정 가수의 음악이나 뮤직비디오, 퍼포먼스 등 콘텐츠를 시청할 때 자연스럽게 나오는 반응을 촬영하여 올린 것이다. 특정 콘텐츠에 대한 다른 사람의 반응을 구경하는 것 자체가 콘텐츠가 된다는 발상은 유튜브가 등장한 이후 시작되었다. 즉 유튜브라는 새로운 플랫폼이 탄생시킨 독특한 신문화라 할 수 있다. 기술적으로는 TV에서도 가능한 것이었으나 상대적으로 잉여적 재미의 영역이라 할 수 있는 리액션 콘텐츠는 상업성-시청률의 부담이 큰 주류 미디어에서는 선택받거나 시도되지 못한 것이다.

시청 시의 반응에는 영상 내 출연자의 문화, 사회적 배경이나 가치관 등이 반영되기도 한다. 제작 배경은 영상 속 리액션 대상 콘텐츠에 대한 시청자의 긍정적 공감대 유발에 대한 욕구가 반영된 것이라고 볼 수 있다. 즉, 영상 속 감상 대상에 대한 네거티브 방식을 취하고 있는 리액션 영상은 거의 없다. 오히려 출연자들의 문화, 사회적 배경에 따른 감상 콘텐츠에 대한 다양한 반응을 통해 해당 콘텐츠에 대한 긍정적 의미와 호의적 반응을 입체적으로 강화하는 효과를 기대하는 경우가 대부분이다. 따라서 리액션 영상이라는 문화 자체가 기본적으로 영상 속 해당 콘텐츠에 대한 팬덤문화의 일부라고 볼 수 있다.

7) 플레이리스트 영상

좋아하는 음악을 한데 모아 자신만의 편집음반을 만들어 활용하거나 타인과 공유하는 것은 음악 애호가들의 대표적 관행이었다. 특히 음악 기호를 공유하고 이를 통해 정서적 유대감을 쌓는 것은 젊은 시절 또래 집단을 통한 정체성 형성 과정의 중요한 일부분이었다. 이 문화는 기술적으로는 카세트테이프 시대에 가장 성행했고 CD를 거쳐 온라인에서 음악이 디지털 파일 형태로 불법 혹은 합법적으로 유통되면서 그 애틋한 의미가 희석되었다.

플레이리스트 영상은 이 음악적 실천이 유튜브로 넘어오면서 약간의 변형을 거친 결과다. 형식면에서는 게시자가 설정한 특정한 주제에 관하여 여러 곡을 모은 모음집 성격의 영상으로 이때 주제는 음악인, 장르, 시기 등 다양하게 설정될 수 있다. 한 영상 안에 여러 곡이 연달아 편집되어 있거나 여러 개별 영상을 묶어놓은 '재생목록'[23]의 형태를 띤다. '90년대 댄스곡 모음', '아이유 히트곡 모음', '레게 명곡 모음' 등의 형태가 대표적 유형이다. 오디오와 비디오의 구성에 있어서는 대부분 음원 중심의 형태를 띠고 있지만 라이브 영상의 묶음으로 구성된 것 등 그 양태가 다양하다.

　이 한 다발의 '편집 음악 묶음'은 다른 이들에게 자신의 취향과 감각을 선보이거나 권유하기 위한 것이 대부분이라는 점에서는 아직 과거의 그것과 공통분모를 유지하고 있지만 유튜브에서는 불특정 다수를 대상으로 한다는 점에서 똑같지 않다. 특정인과의 소통을 기대하며 일정의 시간과 노력을 들였던 카세트테이프, 혹은 CD 편집음반에 비해 파일을 긁어모아 이어붙이는 일은 간편하고 손쉽다. 그리고 그 용이함만큼 희소성과 유일물로서 거기에 부여하는 애착심은 감소할 수 있다. 그러나 온라인에서 불특정 다수와의 소통은 또 다른 문화를 파생시킨다. 결국 매클루언의 명제처럼 미디어의 변화가 메시지의 변화

---

23 유튜브에서 하나의 검색 결과 단위로 표기되는 '재생목록'은 여러 영상을 하나의 제목 아래 모아놓은 일종의 영상 묶음으로 '플레이리스트 영상'의 한 부류로 보아도 무방하다. 플레이리스트가 곧 우리말로 재생목록이라는 뜻이지만 이 글에서는 구분하여 사용한다.

를 가져온 셈이다.

8) 기획보도 영상

음악과 음악인 관련 소재로 다양한 이야기를 다루는 일은 사적인 범위에서는 블로그나 팬커뮤니티 성격의 온라인 지면을 통해 이루어져왔다. 보다 집단적인 영역에서라면 잡지, 신문, 방송의 연예 관련 뉴스나 프로그램 등에서 행해지던 일이다. 미디어의 성격에 따라 가십성 내용부터 진지한 이야기까지 폭넓은 범위의 내용이 다루어져왔는데 이것이 유튜브로 옮아간 이후에는 소재의 범위와 콘텐츠의 양 모두에서 비약적으로 증가했다.

기획보도 영상은 게시자가 특정 음악이나 가수를 매개로 자유롭게 주제를 설정하여 기획, 제작한 영상을 말한다. 주로 뉴스나 연예프로그램의 보도나 기사 같은 모양새를 띠므로 기획보도 영상이라 칭하였다. 비록 전체 유형 중에는 가장 작은 비율을 차지하지만 형식과 내용에 구애받지 않는 다양한 양태로 콘텐츠가 구성된다는 점에서 정형화되지 않은 다양한 메시지 전달 방식에 용이하다.

9) 해석 영상

좋아하는 음악적 소재, 주제에 대한 지식이나 비평적 견해를 내보이는 것 역시 음악 애호가들의 주된 음악적 실천 중 하나였다. 기획보도 영상과 마찬가지로 전문가가 아닌 일반인들이 이에 대한 열정을 드러낼 수 있었던 공간은 주로 자신의 개인 블로그였다. 텍스트와 스틸 이미지 위주로 꾸려지던 내용이 유튜브가 부상하면서부터는 동영상 형태로 옮겨오거나 병행되었다. 블로그가 일정 정도의 글쓰기 능력을 필요로 한다면 동영상에서 조금 덜 정제되고 구어적으로 이루어지는 발화의 방식은 더 많은 이들이 이 문화에 부담 없이 참여하는 것을 가능하게 했다.

이 글에서 말하는 해석 영상은 게시자 자신의 가치관이나 배경지식에 근거하여 음악이나 뮤직비디오가 전하는 의미나 상징 등에 대해 시청자에게 해석해주는 영상이다. 상대적으로 전문성을 요하는 음악적 분석보다는 가사나 장면(뮤직비디오) 분석에 치중하는 영상이 많으며 게시자의 지적 유희와 호기심, 관찰력, 통찰력의 결과물이다. 특히 더 큰 비중을 보이는 뮤직비디오 해석의 경우, 나름의 개연성을 확보하려고 하지만 거의 픽션에 가까운 추리를 보여주는 것도 많다. 즉 비평적이거나 객관적인 분석을 지향한다기보다 일종의 놀이로서 자리 잡은 유튜브 문화 중 하나라고 보아야 할 것이다. 다분히 주관적 해석이 곁들여지므로 해석자의 가치관, 이념 등이 반영되며 이 과정에서 해석 영상에서 다루어지는 해당 콘텐츠는 그 의미가 강화·확장되거나 혹은 반전되기도 한다. 논리력, 전달력, 풍부한 해석력을 확보한 몇몇 유명 유튜버들에 의해 주도되는 경향이 큰 영상 부류이다.

3. 문화기억 공간으로서의 유튜브

동영상 공유 플랫폼이라는 유튜브의 본질은 유튜브가 문화기억의 공간으로 기능하는 가장 기본적인 바탕이 된다. 그리고 여기에는 세계 1위의 플랫폼으로서 누적된 아카이브와 그 미디어적 위상이 중요하게 작용한다. 동영상 포맷이 갖는 현전성과 지표성에서의 우월함, 그리고 유튜브에서의 네트언어를 통한 소통은 문화기억 미디어로서 유튜브의 가능성을 뒷받침함을 앞서 살펴 보았다. 이에 여기서는 문화기억 공간으로서의 유튜브의 구조와 그 성격을 규명하고자 한다.

전형적인 향유자 주도 공간으로서 유튜브는 플랫폼 사업자가 동영상을 올릴 수 있는 공간만을 제공하고 모든 콘텐츠는 프로슈머인 향유자들의 문화적 실천의 산물로 채워진다. 그런데 오늘날 모든 문화콘텐츠는 향유자들로부터 선택받기를 궁극의 목표로 삼고 있으며 이를 위해 재미(fun)라는 요소를 핵심

가치로 지향한다.[24] 그리고 이 재미라는 요소는 인간이 행하는 각종 형태의 '놀이'의 본질을 규정하는 요소[25]이기에 모든 콘텐츠는 일면 놀이를 추구하는 데서 시작된다고 볼 수 있다. 따라서 문화기억의 공간으로서의 유튜브는 곧 향유자들의 기억 놀이터라 할 수 있으며 그들이 만들어낸 콘텐츠는 이 기억놀이의 부산물이다. 이 기억놀이의 대상으로는 지극히 개인적이거나 사소하고 시시한 것에서부터 사회의 무거운 주제들까지 다양한 소재가 다루어지며 향유자들은 다른 향유자들이 올려놓은 기억과 자신의 기억, 혹은 이 둘을 모두 재료로 활용하여 콘텐츠를 만들고 공유한다. 요컨대 이 글에서는 문화기억의 공간으로서 유튜브를 일종의 '기억 놀이터'로 비유하고자 하며 유튜브 콘텐츠를 향유자들의 기억 놀이라는 광범위한 문화 경험에 의한 산물로 이해한다.

　유튜브는 그것이 기록보관소이기에 저장기억의 공간이며 동시에 사회적 의미와 가치 체계를 형성하는 곳이기에 기능기억의 공간이기도 하다. 기록·저장된 저장기억은 잠재적 기능기억이다. 하지만 게시된 모든 콘텐츠─기억들이 문화기억으로 구성되는 것은 아니다. 이 잠재적 가능성이 집단의 기억으로 활성화되려면 해당 콘텐츠가 보다 많은 사람들에게 선택받고

24　김정우, 『문화콘텐츠와 경험의 교환』, 커뮤니케이션북스, 2018, 13쪽.
25　요한 하위징아, 『호모 루덴스』, 이종인 역, 연암서가, 2018, 33쪽.

유통되어 관련 사회 집단의 담론으로 발전해야 하기 때문이다. 그리고 모든 인터넷 공간의 콘텐츠와 마찬가지로 유튜브에서도 주의력의 경제[26] 법칙은 적용되며 각 콘텐츠의 제목과 태그, 해당 게시자 채널의 인기 등과 같은 요소에 의해 집단의 기억과 지식으로 구성되는가의 여부와 양상은 각기 다르다.

이러한 논의를 바탕으로 본 글에서는 문화기억의 공간으로서 유튜브의 속성을 '기억의 아카이브'와 '기억의 산실'로서 이해하고자 한다.[27] 기억의 아카이브로서의 유튜브는 문화기억이 보존, 전승, 강화되는 곳이고, 기억의 산실로서의 유튜브는 문화기억이 새롭게 재구성되는 곳으로서의 성격을 말한다. 다만 이 두 성격의 설정이 유튜브를 양분하고 있는 것이 아니라 문화기억 공간으로서 유튜브의 복합적, 이중적 성격을 나타내고 있다고 보아야 한다. 그리고 이 두 가지 속성을 위한 전제로서 문화적 실천 공간과 이로 인한 사회적 담론 형성 공간으로서의

---

26 1978년 노벨경제학상을 수상한 허버트 알렉산더 사이먼이 제시한 개념으로, 오늘날 넘쳐나는 정보 속에서 정보 수용자의 주의력이 정보 제공자들에게 서로 경쟁적으로 쟁탈해야 할 대상이 되었음을 말한다. 인터넷 공간도 그 현상이 드러나는 대표적인 사례이며 모든 정보 게시자는 사용자의 주의를 끌기 위해 점점 더 치열하게 경쟁한다. 이시다 히데타카, 『디지털 미디어의 이해』, 윤대석 역, 사회평론, 2017, 161~163쪽.

27 아카이브는 기록보관소나 자료보관소라는 일반적인 의미 이외에 디지털화된 파일 저장소라는 협소한 의미를 특정하는 데에도 쓰인다. 따라서 이 책에서는 인터넷 공간의 디지털 자료 보관소인 유튜브와 관련해서는 '기록보관소' 대신에 '아카이브'라는 용어를 사용하기로 한다.

유튜브의 특징에 주목한다. 그리고 이 두 가지 특징은 모두 유튜브 향유자의 프로슈머적 성격에서 출발하며 곧 이들이 콘텐츠 생산과 소비 모두의 측면에서 오늘날 문화기억의 구성 양상의 새로운 방식을 보여줌을 의미한다.

1) 기억의 아카이브로서의 유튜브

유튜브가 어떻게 문화기억의 아카이브로 기능하는지 보기 위해서는 아카이브, 즉 기록보관소의 전통적인 체계와 기능을 상기하는 것으로부터 시작해볼 수 있다. 이를 위해 먼저 아카이브로서 유튜브의 기록관리자에 대해 살펴보고, 앞선 알라이다 아스만의 아카이브에 대한 접근법을 바탕으로 개방성, 선별, 보존이라는 측면에서 유튜브에 대입함으로써 기억의 아카이브로서의 성격을 규명해보고자 한다.

기존의 기록보관소, 즉 국가기록원이나 공공도서관, 방송국 자료실과 같은 곳은 전문성과 권한, 그리고 관리의 임무가 부여된 특정 기록관리자에 의해 관리된다. 그러나 유튜브에는 이러한 전문성을 띤 기록관리자가 부재하다. 유튜브의 기록관리자는 각각의 계정 혹은 채널 주인인 개인 혹은 집단들이라고 할 수 있다. 개별 채널 보유자인 이들은 곧 신규 자료의 접수자이고 관리자이며 언제든지 원하는 자료를 업로드하고 사후 수정할 수 있으며 삭제할 수 있다. 단 오직 자신의 자료에 대해서만 관리 권한을 가지고 있으며 이 기록 관리에는 일정한 원칙이 없이 유튜브가 허락하는 정책적 가이드라인 내에서 자유로운 출납과 수정이 가능하다. 또한 이들은 자료의 제목, 태그, 소개 글을 직접 작성한다는 면에서 여느 아카이브의 기록관리자와 마찬가지로 자료의 분류와 범주화에 관한 권력을 쥐고 있다고 말할 수 있다. 자료 접수 과정에서, 심지어 실제 내용과 다른 방향으로 작성되기도 하는 이러한 라벨링은 이후 검색 알고리즘에 중요한 영향을 끼쳐 자료의 노출 가능성을 좌우한다는 점에서 이를 기록관리자가 마음대로 설정할 수 있다는 점은 중요하다.

이러한 유튜브 기록관리자의 특성은 곧 이 아카이브의 개방성과 연관된다. 국가적인 차원에서 유튜브에 대한 이용 자체가 차단되는 곳을 제외하면 유튜브는 인터넷 접속이 가능한 자는 누구든지 자유롭게 이용할 수 있다. 무엇보다도 다른 소셜미디어, 특히 페이스북이나 트위터 같은 SNS들이 웹상에서 검색시 검색 결과에 대한 접근에 수시로 전용 어플리케이션의 설치나 로그인을 요구하는 데 비해 유튜브는 자료의 검색과 시청에는 사이트 접속 이외의 어떤 조건도 요구하지 않는다. 심지어 모든 보유 자료에 대해서 비회원 유저에게도 동등한 개방성을 가지므로 누구에게나 차별 없는 열람을 제공한다. 게다가 자료에 대한 제한 없는 공동 소유도 허락된다고 볼 수 있는데 누구나 부가적인 소프트웨어를 활용해 다른 사람의 자료 역시 동의 없이도 손쉽게 다운로드해서 가져올 수 있다. 회원 가입 여부는 오직 서비스 이용 편의성에서의 차이를 가져다줄 뿐이다. 원본에 대한 '선택적인 접근'만이 가능한 전통적인 아카이브와 비교했을 때 이러한 접근 용이성과 극도의 개방성은 유튜브를 지극히 투명하고 민주적인 공간으로 만든다.

그런데 이러한 기록관리자와 개방성에 관한 특성은 유튜브 아카이브의 '자료 선별'이라는 측면에서 문제점을 야기하기도 한다. 유튜브는 특정한 주제와 분류 체계 아래에 전문가에 의해 선별된 자료가 정리되어 저장되는 아카이브가 아니다. 어떤 자료를 아카이빙할 것인가에 대한 유튜브 기록관리자의 선택 기준에는 다분히 주관적이고 개인적이거나 사소한 이유가 작용한다. 이들의 비전문성과 비체계성은 과거 해석에 관한 기성 담론에 대안적 시각의 가능성을 열어주기도 하지만 정보의 왜곡과 오류로부터 자유로울 수 없게 만든다. 최소한의 라벨링만 된 채 무분별하게 쌓여 있는 혼돈과 무질서의 정보창고인 이 "아나카이브(anarchive)"[28]에서 이제 선별은 향유자의 몫이 되고 있다. 아카이브 자료의 수집과 접수 과정에서 명확한 선별이 이루어지는 것이 아니라 향유자들이 정보 수신 과정에서 자체적으로 검증해야 하는 것이다.

---

28 사이먼 레이놀즈, 『레트로 마니아』, 최성민 역, 작업실유령, 2014, 57쪽.

특히 오류와 왜곡에 따른 유튜브 아카이브 정보에 대한 신뢰성의 문제는 디지털 미디어의 '속도'로부터 더 가중된다. 디지털 시대의 정보 처리가 추구하는 속도에 대한 집착은 역사적 사건에 대한 '경험'과 그에 대한 '기록' 발생 사이의 시간을 단축시키려는 경향을 강화한다. 그리고 이것은 사건의 발생과 이에 대한 해석 형성의 동시적 발생을 성취하려는 '실시간(realtime)의 논리'를 이상적 가치로 추구하는 집착을 낳았는데 이 광속(light speed)에의 집중이 결국 정보를 검증, 선별하고 해석할 여지를 상실케 한다. 즉 사건과 아카이브 사이의 시간적 거리의 소멸이 해석적 거리를 소멸시키는 것이다.[29]

그럼에도 불구하고 유튜브가 과거에 대한 기억을 '보존'하는 아카이브의 저장소라는 데에는 의심의 여지가 없다. 이 아카이브 자료들은 분명 구글이라는 기업의 대용량 센터 서버에 저장되어 있다. 그러나 이 보존 역시 항구적이거나 안정성이 보장된 것은 아니다. 자료의 보존이라는 점을 기술적 측면에서 살펴보면 이 센터 서버에 접속해서 자료를 클릭 한 번으로 손쉽게 저장한 것과 마찬가지로 역시 클릭 한 번으로 언제든 삭제될 수 있으며, 개별 기록관리자들의 사소한 심경 변화에 의한 삭제인 경우라도 이 정보 소실을 막을 방법은 없다. 또한 디지

---

29 김수환, 「텍스트, 흔적, 인터넷 : 디지털 매체 시대의 문화기억」, 『기호학연구』 28, 2010, 337쪽.

털화된 정보를 저장하는 물리적 장치 역시 그 수명이 한정적이기 때문에 주기적으로 자료에 대한 복사와 매체 전이의 노력이 뒤따라야 하는 것은 마찬가지다. 그리고 이러한 디지털 저장매체는 전기적 문제의 발생 시 모든 정보가 한순간에 사라질 수도 있다.

이상과 같은 아카이브로서 유튜브의 특성을 토대로 문화기억의 전승, 보존, 강화 공간이라는 측면에서 유튜브를 바라볼 때 '기억의 재매개와 재활용'은 문화기억의 논의와 관련하여 중요하게 작용한다. 문화기억의 전승, 보존, 강화는 곧 기존의 문화기억을 계승하고 재확인하며 이 과정을 통해 집단의 기억과 지식을 공고히 하는 과정이라 할 수 있다. 이를 위한 가장 기본적인 형태의 문화적 실천은 다른 미디어를 통해 매개되었던 기억을 유튜브에서 재중계–재매개함으로써 이루어질 수 있기 때문이다.

디지털 미디어의 상용화와 이것이 촉발한 노스탤지어에 대한 욕망 충족의 용이성은 모든 자료를 디지털 아카이빙하도록 부추겨왔다. 유튜브 자료의 많은 비중을 차지하는 것은 기존 미디어에 매개된 것으로부터 재매개하거나 그것을 발췌, 재활용한 것들이다. 특히 과거의 모든 대중문화에 대한 스크랩, 옛 시절의 경향과 유행 돌아보기, 정치와 시사를 아우르는 모든 옛 TV 프로그램 등에 주석만 달아 소환하거나 일부를 발췌하는 형태로 이루어진 것이 많다. 이 기억의 파편들은 별다른 해석적 관점이 개입하지 않은 경우 대부분 기존의 문화기억을 재생산하며 단지 기억의 소환이나 상기라는 방식을 통해 전승하고 기존의 의미를 지속, 강화하는 데 일조한다. 즉, 다른 미디어를 통해 구성된 집단기억이 유튜브를 통해 재매개되고 반복 재현됨으로써 전승, 보존, 강화된다. 이때 유튜브 콘텐츠는 이 특정한 집단기억을 증거하고 반복 강조하는 무수한 사례들로 기능하며 다른 향유자에 의한 이 기억들의 지속적인 소환과 반복 재생은 인간의 한정된 기억 용량과 '기억 타임라인'에서 계속해서 밀려나는 특정 기억을 주기적으로 '끌어올림' 해준다. 개인적 기억은 시간이 지날수록 망각되지만 문화기억은 집단 속에서 미디어를 통해 반복, 재생되면서 더 견고해진다.

여기서 유튜브는 앞선 가르드-한센의 논의처럼 의도적 기억과 유산 수집 활동을 통한 아카이브 생산 공간이며 문화기억의 보존을 위한 셀프-아카이브 공간이자 동시에 아카이빙 도구이다. 하지만 유튜브의 저장기억은 다른 기록보관소보다 더 큰 기능기억이 잠재해 있는 경우가 많다. 왜냐하면 유튜브에 등록되어 있는 기록들은 어느 것 하나 순수한 저장기억이라고 할 수 있는 것이 없다. 유튜브에 '게시된 기억'들은 모두 이미 게시자, 향유자라는 기억 보유자, 주체가 관여하고 그 과정에서 선택과 망각, 의지, 가치관, 사회적 맥락 등이 이미 어느 정도 작용한 결과이기 때문이다. 물론 이 잠재적 기능기억들은 새로운 활용과 의미 부여를 통해 또 다른 문화기억으로 구성될 가능성을 내포하고 있다. 그리고 이러한 더 적극적인 문화 실천이 일어나는 곳이 기억의 산실로서의 유튜브이다.

2) 기억의 산실로서의 유튜브

알라이다 아스만이 언급했던 것처럼 기록보관소가 과거의 기록들을 보관할 뿐만 아니라 과거를 구성하고 만들기도 하는 장소임에는 분명하다. 하지만 물리적 공간의 전통적인 기록보관소에서 과거의 구성이 의미하는 것은 주로 저장기억이 지니고 있는 잠재적 가능성에 기댄 것이라고 볼 수 있으며, 유튜브와 같은 디지털 아카이브에서도 이것이 더 가시적으로 드러나긴 하지만 그 양상은 전승·보존·강화라는 방식을 통해 기존의 문화기억을 다시 '반복' 구성, 즉 재생산하거나 굳건히 하는 데 머물러 있다고 볼 수 있다.

반면에 유튜브에서 프로슈머로서 향유자들의 아카이빙을 넘어선 보다 능동적인 콘텐츠 창작 행위는 새로운 문화기억의 구성을 가능하게 한다. 이들의 적극적인 콘텐츠 생산은 보다 의지적이고 의미·가치 지향적이며 자기 주장적이다. 따라서 이 글에서는 기록과 저장 중심의 실천을 전통적인 의미의 아카이브 영역에 남겨두고 '새로운' 문화기억을 구성하는 이러한 적극적인 실천에 의한 기억 구성을 '기억의 산실'의 영역으로 따로 설정하여 다루고자 한다. 그러므로 기억의 산실로서 유튜브는 가르드-한센이 언급한 사용자 창작 콘텐츠(UCC)에 의한 '창조적 아카이브' 기능의 극단적 형태라고 볼 수 있다.

이 적극적인 콘텐츠 생산자들은 특정 대상에 대한 자신만의 주제의식과 논리를 가지고 아카이빙 차원을 넘어선 새로운 콘텐츠를 만들어낸다. 이 과정에서 아카이브에 이미 저장된 기억들을 활용하거나 개인적 기억을 더할 수 있다. 먼저 이들이 가장 기본적으로 활용할 수 있는 기억 재료는 다른 향유자들이 유튜브에 저장해둔 것들이다. 유튜브가 기억의 놀이터인 것은 기억 비축의 측면에서도 그러하지만 이 비축된 재료들을 활용해서 새로운 것을 만드는 곳이기 때문이기도 하다. 단순히 기억들의 수집에서가 아니라, 이 기록물들의 재배열을 통해 세상에 대한 새로운 '사실'이나 '문화기억'을 만들어낼 수 있고 이를 통해 권력 또한 생겨날 수 있다고 한 푸코와 데리다의 논의처럼, 이 아카이브 재료들을 특정한 관점하에 배치하는 것만으로도 기억의 재구성은 시작된다.

즉 향유자들은 자신만의 해석적 관점으로 단순한 과거사 자료들을 취합하여 엮고, 가공하거나 여기에 자신의 개인적 기억을 더하는 등의 여러 가지 방식을 복합적으로 활용하여 하나의 구체화된 형상을 드러내는 의미 구성체로 만들어낸다. 즉, 다른 향유자들이 저장한 기록에 자신이 직접 TV, 라디오, 인터넷, LP, VHS 테이프 등 다른 미디어에 매개되었던 기억과 디지털 카메라, 스마트폰을 활용해 직접 기록한 개인적 재료를 유튜브에 게시함으로써 재매개한다. 물론 동영상이라는 포맷을 활용한 기억의 시각화나 증언하기로 강화된 이러한 과거 구성은 디지털 정보 처리 기술 덕에 캡처나 저장(다운로드) 그리고 디지털 변환 등을 통해 손쉽고 빠르게 가능하다.

이처럼 유튜브라는 기억의 놀이터에서 추억과 기억을 골라 저장하는 데 그치지 않고 더 적극적으로 재미있는 것을 만들려는 데서 시작한 향유자의 실천은, 이 모든 기억 재료와 더불어 여러 가지 디지털 프로그램의 도움으로 다양한 콘텐츠 생산을 가능하게 한다. 그리고 이 행위의 결과물들은 유튜브를 포함한 네트워크 공간 속에서 의식적, 무의식적으로 문화기억의 구성으로 연결된다. 그리고 이제 향유자의 개별 콘텐츠가 어떻게 집단기억의 재구성으로 연결될 수 있는지에 관해서는 콘텐츠가 촉발하는 사회적 담론[30]이 중요하게 작용한다. 특히 이것은 문

---

30 담론은 현실에 관한 설명을 창출하는 지식 체계이며 이 지식의 구성과 유통을 위한 공공의 수단이다. 담론으로 형성된 지식 체계는 사회의 사건과 행위들을 인지하고 해석하기 위한 틀로서 기능하며 이는 결국 현실을 재구성하는 효과를 낳을 수 있다. 그런데 이 지식은 기억의 물질적 기반을 이루는 텍스트나 상징적 인공물을 통해 구체화되기 때문에 담론의 형성 과정은 곧 집단지식과 기억의 구성과 긴밀한 관계에 있다고 볼 수 있다. 이와 관련하여 스튜어트 홀은 과거를 특정한 관점에서 재현하는 기억은 현실에 대한 특정한 인식 틀을 제공하기 때문에 현재적 의미화 과정으로서 기억의 재현은 실제적이고 구체적인 영향력을 가지게 된다는 점에서 담론적이라고 말한다. Stuart Hall, *Critical dialogues in cultural studies*, London: Routledge, 1996, pp.441~449.

화기억의 아카이브 공간에서보다 향유자의 의지적 의미 부여 행위가 적극적으로 이루어지는 기억의 산실로서의 공간에서 더 중요하게 작용한다.

3) 사회적 틀로서의 유튜브

이상의 논의를 바탕으로 유튜브에서 향유자의 개별 콘텐츠가 집단의 담론을 촉발하는 과정을 살펴보는 것은 유튜브라는 공간이 사회적 공간임을 환기하는 데서 시작할 수 있다. 향유자의 콘텐츠는 그것이 공공의 이슈를 다룰 때는 물론이고 지극히 개인적인 소회를 담아낸 것이라 해도 이것이 사회적 공간인 유튜브에 놓인다는 사실만으로 이후의 다양한 사회적 논의의 대상이 될 가능성을 잠재한다. 여기서 소셜미디어로서의 특성을 가능하게 하는 유튜브의 기술적 기능들은 콘텐츠를 둘러싼 지지와 반론을 포함한 논리적 언술 행위를 가능하게 한다. 즉 실시간성과 상호작용성에 의한 댓글과 채팅은 토론을 포함한 다양한 형태의 담화를 발생시키며 '좋아요'와 '싫어요' 기능을 통해 게시물에 대한 여론을 형성한다.[31] 또한 추천영상을 포

---

p.433.

31 이와 관련하여 에를은 기억 미디어로서 인터넷의 이러한 특성을 자기 성찰성(self-reflexivity)이라 칭하고 웹게시판 등에서 유저들이 토론하는 것을 대표적인 사례라 본다. Astrid Erll, *Mediation, remediation and the*

함한 유튜브의 추천 기능과 하이퍼텍스트적 성격은 게시물 간의 상호텍스트성을 토대로 게시물에서 형성된 의미가 단일 게시물 범위 밖으로 확장하도록 한다. 그리고 이것은 다시 공유 기능과 링크를 통해서 유튜브 바깥의 네트워크 공간으로까지 퍼져나가 모든 사회 구성체를 담론의 발생지인 유튜브로 소환하여 참여시킬 수 있다. 여기에 유튜브 내외에서 뒤따르는 밈(meme) 문화의 실천은 담론의 영향력과 범위를 더욱 확대시키고 파생 담론을 이끌어낸다.

이처럼 향유자의 적극적인 문화 실천 행위에 뒤따르는 일련의 소통적 상호작용은 집단 구성원을 담론에 참여시키고 새로운 사회 인식 틀을 제공함으로써 새로운 사회적 의미의 구성을 통한 집단기억 구성을 가능하게 한다. 왜냐하면 인터넷 공간에 속한 유튜브가 복수의 잠재적 대화 상대를 전제하며 이들의 상호작용으로 인해 유튜브의 텍스트가 네트워크화되고, 개인을 벗어난 범위의 회상 형식을 가진 집단적인 층위로 바뀌기 때문이다. 로컬과 글로벌을 연결해주는 이러한 상호적 소통의 네트워크 지평은 바로 로젠바이크(Rina Rosenzweig)가 말한 디지털 시대의 '새로운 기억 문화(new memory culture)'[32]를 떠받치는 핵심

---

dynamics of cultural memory, Berlin: Walter de Gruyter, 2009, p.4.

32 Rina Rosenzweig, "Scarcity or abundance? Preserving the past in a digital era", *American historical review* 108(3), 2003, pp.735~762, p.756.

요소이기도 하다.

오늘날 미디어 담론은 공론의 장으로 기능하며 여러 집단이 각자의 목적을 쟁취하기 위한 의미 투쟁의 공간으로 작용한다는 측면에서 더욱 중요하다. 특히 미디어 담론은 객관성과 균형이라는 전문적 직업윤리를 표방하기 때문에 다수의 사회 구성원들은 미디어가 생산한 담론을 사실로 받아들이는 경향이 있다.[33] 그런데 기존의 대형 방송사 등 전문 방송 주체와 개인 방송 주체들이 한 플랫폼 안에 동등한 채널 권리자로 뒤섞여 있는 현재의 유튜브에서 정보 수신자들은 정보의 객관성에 대한 신뢰 여부의 판단 자체가 쉽지 않은 상황이며 이러한 상황에 편승하여 무분별하고 무책임한 주장과 정보 생산이 이루어지기도 한다. 따라서 유튜브가 생산한 담론이 얼마나 객관적 진실에 기반하고 있는지는 문제가 될 수 있다. 특히 미디어로서 높아가는 유튜브의 위상에 따라 기성 언론에서 유튜브가 생산한 담론을 받아쓰기하는 경우도 많아지고 있으므로 유튜브 향유자들이 초래한 정보의 객관성과 신뢰성의 문제는 여기서 비롯된 담론이 초래한 문화기억에서 과거의 변형, 조작의 문제로까지 이어질 수 있다.

문화기억 공간으로서 유튜브의 구조는 다음과 같이 나타낼 수 있다.

---

33 정재철, 『문화연구의 핵심개념』, 커뮤니케이션북스, 2014.

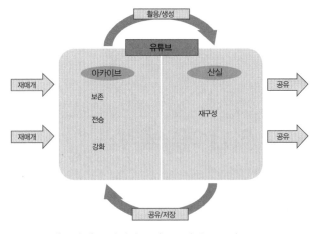

[그림 6] 문화기억 공간으로서 유튜브의 구조

위 그림은 먼저 외부로부터 유튜브로 가져온 기억이 모두 재매개의 형태로 유입된 것임을 보여준다. 아날로그 형태의 음악 기록매체 등 기존의 다른 기록장치에 있던 자료의 디지털화는 물론 방송 등 다른 미디어에서 발췌나 인용의 형태로 가져오는 것 모두 선행 미디어에서 이미 매개된 기억이기 때문이다. 이렇게 유입된 기억은 유튜브에 아카이빙되며 기억의 아카이브이자 산실인 유튜브는 각각 문화기억을 전승·보존·강화하거나 재구성한다. 아카이빙을 넘어선 능동적 실천은 유튜브에 저장된 기억 재료를 활용해 새로운 기억을 구성하고, 이렇게 구성된 기억은 생성과 동시에 유튜브 내에 공유, 저장된다. 유튜브에서 구성된 기억은 공유를 통해 유튜브 외부로 확산된다.

제4장

유튜브에 나타난 대중음악의
문화기억 구조

유튜브에 나타난 대중음악의 문화기억 구조

집단기억이 사회가 구축한 삶의 양식 중 사회적 틀을 통해 의미 부여된 것을 선별적으로 기억하고 전승한다는 점에서 보았을 때 집단기억은 곧 문화의 다른 이름이라 할 만하다. 즉 모든 문화는 기억되어야 할 것과 망각되어야 할 것에 대한 고유한 인식 체계를 통해 남겨진 것이다. 또 유리 로트만(Yuri Lotman)은 "전 인류 혹은 그보다 제한된 어떤 집단의 공통 기억"으로 문화를 정의한다.[1] 따라서 문화로서의 집단기억이(과거의 현재적 의미화라는) 문화적 실천에 의해 구성된다면 이 구체적인 실천은 곧 문화콘텐츠의 창작으로 발현된다고 할 수 있다. 역

---

1 Ю. М. Лотман, "Проблема знака и знаковойсистемы и типология русскойкультуры XI–XIX векос," Семиосфера. СПб., 2000. С.400, 김수환, 「텍스트, 흔적, 인터넷 : 디지털 매체 시대의 문화기억」, 『기호학연구』 28, 2010, 325~326쪽에서 재인용.

으로 문화적 실천을 통해 문화콘텐츠를 만들어내는 행위는 곧 집단기억-문화를 구축하는 것이다.[2] 다만 이 관계식에서 문화콘텐츠가 이를 공유하는 집단에 의해 공통의 의미를 부여받아야 하는 과정이 필요하고 문화기억의 공간으로서 유튜브가 그것을 가능하게 하는 소셜미디어임을 앞서 확인하였다. 그리고 스토리텔링이 문화콘텐츠를 구성하는 주요한 방식이기에 문화콘텐츠는 스토리텔링을 통해 집단의 기억을 구성한다[3]고도 할 수 있으며 따라서 스토리텔링 플랫폼으로 부상하는 유튜브는 오늘날 집단기억의 구성에 가장 적절한 플랫폼이라고 할 수 있다.

따라서 유튜브에서 아홉 가지 문화적 실천을 통한 대중음악 콘텐츠의 향유 과정은 의식적, 무의식적으로 집단기억-문화기억을 전승·보존·강화하거나 재구성할 수 있다. 이에 이 논의에서는 아홉 가지의 대중음악 콘텐츠 향유에서 콘텐츠의 제작 의도나 내용, 소비와 공유의 과정이 집단기억의 구성에 작용하는 양상을 살펴 문화기억을 구성하는 네 가지 주요 방식, 혹은 과정이라 부를 만한 것을 도출하여 다음과 같이 제시한다. 즉, '기록과 저장', '선별과 큐레이션', '피처링과 재인식',

---

2 이러한 문화기억과 문화콘텐츠의 관계에 대해서는 태지호가 유사한 논지를 보인 바 있다. 태지호, 「문화콘텐츠에 재현된 집단기억의 문화기호학적 의미 연구」, 『기호학연구』 43, 2015, 89~116쪽, 104쪽.

3 위의 글, 101쪽.

'패스티시와 패러디'가 그것이며 이것이 유튜브에서 대중음악 콘텐츠 향유가 문화기억을 구성하는 과정을 설명해줄 수 있는 주요 작동방식이라 할 수 있다.

이후에는 문화기억의 네 가지 구성 방식 혹은 과정을 서술하고 이를 통한 기억의 구성 양상과 구조를 살펴보기 위해 수집된 사례들을 분석하고자 한다. 사례 분석은 사례 영상을 유튜브에서 시청하고 이러한 미디어 경험을 통해 직접 관찰한 결과와 해당 영상들이 초래한 음악적 영역 내외의 담론을 살펴 문화기억의 작동 양상과 그 본질적, 사회맥락적 의미를 들여다보는 방식으로 수행될 것이다. 분석에 선별된 사례는 필자가 각각의 문화기억 구성 방식을 가장 의미 있게 드러낸다고 보는 것들을 각각의 콘텐츠 유형별로 수집한 것이다. 사례에 따라 네 가지 방식 중 복수의 방식을 취하고 있는 경우도 있는데 이 경우에는 가급적 콘텐츠 제작에서 게시자의 실천이 보다 직접적으로 작용한 방식이 무엇이냐를 기준으로 하였다. 복수 활용된 방식에 대한 구체적인 내용은 사례 분석의 내용에서 함께 언급하였다.

문화기억의 작동 양상이 앞서 도출한 유튜브 대중음악 콘텐츠의 제 유형에서 광범위하게 나타남을 보이기 위해 모든 콘텐츠 유형별로 사례를 수집하고자 하였다. 또 콘텐츠의 소재가 된 음악에는 가급적 옛 음악부터 최근의 음악까지가 포함될 수 있도록 하였으며 그 결과가 사회의 다양한 영역에서 집단기억

의 양상으로 이어지는 사례를 제시하고자 하였다.[4]

1. 기록과 저장

기록과 저장은 물질적 기반을 통해 기억을 인간 외부에 비축하기 위한 가장 전통적이고 기본적인 행위이다. 또한 "시대의 증인들이 가지고 있는 경험기억이 미래에 상실되지 않도록 후세의 문화기억으로 번역되기 위한" 첫걸음이다.[5] 여기서 다시 한번 데리다를 소환하자면 1995년 발표한 『아카이브 열병(Archive Fever)』을 통해 그가 오늘날의 기록 욕망을 '열병'으로 묘사한 것은 이것이 이성과 합리보다는 일종의 본능으로 설명되어야 하기에, 이 현상이 내포하고 있는 인간 심리의 원초적 성격을 묘사하기 위함이다. 오늘날 중독에 가까운 이러한 강박적 행위를 부추긴 가장 큰 환경의 변화는 디지털과 인터넷 그리고 모바일 기술의 등장이다. 이 기술들은 지식의 축적과 저장에의 충동을 끊임없이 자극하고 여기서 비롯된 '아마추어 아카이브

---

4 높은 비중을 차지하는 콘텐츠 유형이라고 해서 더 많은 사례가 제시될 필요는 없다. 콘텐츠의 양적 비중과 의미 있게 들여다볼 문화기억 양상의 사례의 비중이 꼭 일치하는 것은 아니기 때문이다.

5 알라이다 아스만, 『기억의 공간』, 변학수 · 채연숙 역, 그린비, 2018, 15쪽.

창작 열풍'은 결국 인터넷 아카이브를 무질서와 혼돈의 '아나카이브(anarchive)'[6]로 만들었다. 이제 사람들은 가지고 있던 기억과 자료들을 잊거나 잃어버리는 불상사가 생기기 전에 모두 디지털화해서 영구 보존하려 하며 기술은 그들이 겪는 경험의 기억을 언제 어디서든 즉각적으로 기록하고 저장할 수 있게 한다. 이전까지 기록물 보관에 있어서 선별의 과정은 필수였지만 이제 거의 무한대로까지 느껴지는 디지털 저장 공간은 아무리 사소하고 하찮은 기록까지도 굳이 가려낼 필요가 없다는 생각을 하게 만들었다. 따라서 디지털 미디어는 "데이터 한 조각마저 상실하지 않고 축적된 거대한 인간 기억의 아카이브"[7]가 되었으며 특히 인터넷 공간에서 이러한 무질서하지만 방대한 자료가 수렴되어가는 대표적인 장소가 유튜브이다.

기록과 저장의 방식에서 대중음악 콘텐츠 향유에 의한 '기록'은 크게 두 가지 형태로 이해할 수 있다. 먼저 향유자가 카메라로 자신의 직접경험을 촬영하고 이것을 콘텐츠화하는 과정이고, 또 하나는 다른 미디어에 매개되었던 것을 그대로 가져오거나 혹은 일부를 발췌 · 재활용하여 새로운 콘텐츠를 만드는 과정이다. 그리고 이 두 과정은 모두 유튜브라는 미디어

---

6 사이먼 레이놀즈, 『레트로 마니아』, 최성민 역, 작업실유령, 2017, 47 쪽.

7 Wendy Hui Kyong Chun, "The enduring ephemeral, or the future is memory", *Critical Inquiry* 35(1), 2008, pp.148~171, p.154.

를 통해 재매개된다. 여기서 가장 일반적인 재매개의 대상은
일차적으로는 LP나 카세트테이프, CD, VHS 테이프, DVD 등
음악과 영상 저장매체에 매개되었던 자료나 각종 미디어를 통
한 방송, 게시 자료가 대표적이다. 여기에 다른 향유자의 유튜
브 게시자료 등도 가져와 활용할 수 있으며, 이 자료들을 거의
그대로 사용하거나 편집, 가공, 덧쓰기 하여 새로운 콘텐츠로
만들 수 있다.

한편 유튜브에서 '저장'은 콘텐츠를 유튜브에 게시함과 동시
에 자동으로 이루어지며 이것은 곧 인터넷의 셀프-아카이빙
기능에 기인한다. 이렇게 볼 때 모든 종류의 유튜브 콘텐츠 게
시는 기실 기록과 저장이라는 과정을 공통적으로 포함하고 있
다고 볼 수 있다. 한편 기록과 동시에 저장되는데도 '저장'을
별도로 강조하는 것은 어떤 특별한 새로운 경험의 기록을 남기
려는 목적이 아니라 단지 디지털 데이터화하여 인터넷에 올림
으로써 기존 소장 자료에 영구성을 부여하려는, 저장 행위 자
체에 목적이 있는 콘텐츠 제작이 기록과 저장 사례의 적지 않
은 부분을 차지하기 때문이다. 따라서 정보 소실의 위험이 있
는 아날로그 저장 매체에 있던 자료나 각종 희귀 자료의 온라
인 저장을 위한 유튜브 콘텐츠화가 대표적인 사례로 나타날 수
있다.

기록과 저장의 행위는 다른 미디어에서도 빈번히 행해진다.
그리고 매스미디어를 통한 기록과 저장은 개인적 차원에서의

그것과는 다를 수밖에 없다. 그런데 그 내용이 기존 레거시 미디어를 비롯한 주요 언론을 통한 자료라면 상당 부분 이미 당대 사회의 의미화 작업을 거친 것이므로 이러한 기억들의 유튜브 재매개, 즉 주로 인용과 발췌에 근거한 단순 재매개의 경우 이미 재현된 과거의 복제와 이의 반복에 의한 누적, 확산이 기본적으로 기존 기억의 전승·보존·강화에 기여하는 것은 자명하다.

하지만 유튜브에서 이것이 집단기억의 구성 방식으로 별도로 제시될 수 있는 보다 주요한 이유는 기억에 대한 편집, 가공, 주석 달기와 같은 과정, 즉 선별[8]이나 패러디, 해석 등의 과정 없이 유튜브라는 매스미디어에 단순히 기록하고 저장하는 것만으로도 기억의 재구성이라는 측면에서 주목해야 할 양상이 있기 때문이다. 즉, 결국 유튜브라는 미디어적 특성을 거친 과거의 재현은 그 '과거'에 이전과는 다른 의미를 부여할 수 있으며 이때 새로운 논의를 통해 기억의 확장을 포함한 기존 집단기억의 강화는 물론 재구성에 대한 가능성도 잠재하기 때문이다. 여기서 유튜브의 미디어적 특성은 플랫폼의 기술적 특성을 포함한 소통과 담론 형성 방식에 있으며 이는 물론 유튜

---

8   물론 어떤 기억을 기록할 것인가라는 측면에서 콘텐츠화를 위해 선택된 기억도 선별된 것이나 여기서의 선별은 한 콘텐츠 안에서 어떤 주제에 관한 다양한 기억 중 일부가 선별되는 것을 말한다.

브가 기억장치로서 기존의 미디어와 가장 근본적인 차이를 갖게 하는 주요한 요인이다. 따라서 '기록과 저장'의 행위는 유튜브−인터넷에서 가장 능동적인 의미를 구성하며 비로소 집단기억의 구성 방식으로서 온전한 지위를 부여받는다.

요컨대 유튜브 아카이브의 저장기억은 이미 순수한 저장기억이 아니라는 점에서 '기록과 저장'은 문화기억의 1차적 구성방식의 하나로 포섭될 수 있다. 게시자는 제목이나 설명글 등을 통해 콘텐츠에 대한 해설자로서 개입하며 자신의 콘텐츠에서 강조하는 점이나 주목해야 할 점을 명시하고 있다는 측면에서, 기록된 기억이 이미 완전한 '무정형의 의미 덩어리'가 아니며 재매개하고 있는 대상의 단순한 복사물이 아니다. 이것은 어떤 콘텐츠도 비록 그것이 다른 미디어로부터 재매개되거나 재활용된 것이라 할지라도 유튜브라는 고유한 공간에 놓임으로써 이미 기존의 미디어에서와는 다른 경험을 제공하기 때문이다. 특히 게시자의 의도가 담긴 제목, 설명글, 태그, 댓글, 좋아요와 싫어요 갯수, 추천영상 등을 통해 사회적 공간으로서 유튜브가 제공하는 그만의 미디어 경험은 이 재현 행위와 관련한 관련 집단의 논의를 수반하기 때문이다. 따라서 예를 들면 유튜브에서의 뮤직비디오 시청은 똑같은 뮤직비디오라도 이것을 TV로 시청할 때와는 이미 다른 콘텐츠 소비 경험을 제공하고 있는 것이며, 바로 이것이 유튜브에 저장된 아카이브에 기능기억으로의 활성화에 대한 잠재적 가능성을 제공한다.

이렇게 향유자들이 기록과 저장을 통해 생산하는 대중음악 콘텐츠는 주로 문화기억을 전승·보존·강화하는 양상으로 나타나며 앞서 분류한 대중음악 콘텐츠 유형에서는 오디오 중심 영상, 라이브 영상, 오피셜 뮤직비디오가 기록과 저장의 방식을 통해 문화기억을 구성하는 경우가 많다.

먼저 오디오 중심 영상은 대부분 기존의 다른 미디어를 통해 매개된 것을 디지털화한 음원에 간단한 정지 화상만 첨부하여 만든 것들이며 저장기억의 영역에 예술작품을 비축하는 것이라고 볼 수 있다. 기존에 어떤 형태로든 존재했던 음악을 재매개하는 방식을 통해 유튜브 게시용으로 첨부한 것이라는 점에서, 해당 음악에 대해 형성되어 있던 기억을 반복·재생산함으로써 전승·보존·강화하는 것이다. 한편 아직 세상의 디지털 라이브러리에 등록되지 않은 소위 희귀 음반이나 부틀렉(bootleg)[9] — 해적판 형식의 공연 실황 자료를 디지털화하여 유튜브 공간에 저장하고 공유하는 경우가 있다. 이 경우 그 자료를 일부 사람들만이 소장하고 있을 뿐이어서 대중들에게 잊혀가거나 단절되었던 기억을 집단에 소환시켜주거나 새로 발견하게 해준다. 그리고 이를 통해 문화기억의 전승·보존을 넘어

---

9 '불법의, 해적판의'란 뜻을 가진 단어로 팬들이 개인적인 장비를 활용해 가수의 라이브 실황을 녹음한 비공식 앨범이나 음원을 말한다. 녹음자가 위치한 현장의 소리가 모두 섞여 녹음되기에 음질이 좋지 못하지만 마니아층에게는 소중한 자료로 취급받는다.

새로운 기능기억으로 활성화할 가능성을 제공한다는 점에서 중요하다.

라이브 영상이나 오피셜 뮤직비디오의 경우도 그 양상은 오디오 중심 영상과 유사하다. 라이브 공연 같은 경우 오디오 중심 영상에서의 부틀렉은 라이브 영상에서는 주로 오늘날의 이른바 직캠 영상에 해당하겠다. 특히 가수의 모든 라이브 공연이 DVD나 방송을 통해 공식 자료화되어 아카이빙되지는 않는다는 점에서 다양한 공연 현장에서 목격자로서 개인들이 기록한 이 직캠 자료들은 기성 미디어가 기록·저장하지 못하는 기억을 보완하는 역할을 한다. 이러한 직캠 자료들은 촬영자의 시점(視點)이나 촬영 대상의 선택에 있어 공식 DVD나 방송 등과는 다른 접근을 보이는 경우가 많기에 공연 현장에 관한 대안적 기록이 될 수 있다는 점에서 또 다른 가능성을 가지고 있다.

앞서 살핀 바와 같이 기록과 저장의 행위는 관련 기억의 전승과 보존을 목적으로 하는 경우가 많으며 이는 대부분 기존 기억의 강화로 이어진다. 따라서 기록과 저장의 사례는 주로 희소 자료의 디지털 아카이빙이라는 목적의 결과로 나타난다. 다음에서는 기록과 저장에 해당하는 영상 중에서 의미 있게 들여다볼 만한 대표 사례를 꼽아 분석한다. 이 사례 분석을 통해 잠재적인 추가 사례들을 가늠할 수 있으며 이는 나머지 세 가지 방식에서 소개하는 사례들에도 마찬가지로 적용된다.

1) 김연실의 〈아르렁〉과 안종식의 〈단가〉 외

'케이팝 아카이브(K-pop Archive)' 사이트는 문화체육관광부가 지정한 음악 정보 통합 시스템이다. 가온차트와 더불어 한국 대중음악에 관한 공인 정보 사이트라 할 수 있는 케이팝 아카이브는 "디지털 음악산업 환경에 필요한 음악 자료를 체계적으로 수집, 분류하여 앨범의 표준 메타데이터 정보를 구축함으로써 업계, 학계 및 일반인들에게 음악 정보 검색 서비스를 제공"하는 것을 목적으로 표방하고 있다.[10] 특히 이 사이트의 정보 중에서 이 작업과 관련하여 주목할 부분은 '대중음악사' 카테고리에서 제공하고 있는 '시대별 대중음악사 섹션'이다.[11] 이 페이지에서 1900년대부터 2010년대까지 10년 단위로 제공하고 있는 '한국 대중음악사 주요 작품' 항목은 한국 대중음악사가 어느 정도 체계적으로 정리되기 시작한 1960년대 이전까지의 시대별 주요 작품을 정리하고 있다는 점에서 의의가 있다.[12]

---

10 케이팝 아카이브 홈페이지. http://k-pop.or.kr(2020년 9월 4일 검색)

11 케이팝 아카이브 시대별 대중음악사 페이지. http://k-pop.or.kr/history2014/history.jsp?syear=1900(2020년 9월 4일 검색)

12 한국 대중음악사의 시대별 대표곡을 정리하려는 공식적인 시도는 1981년 MBC가 창사 20주년을 맞아 1926년부터 1981년 10월까지 발표된 대중가요 5000여 곡 가운데에서 가요 관계 전문가 11명으로 구성된 선정위원회가 1000곡을 먼저 선정하고 전국에서 무작위로 추출한 50개 지역의 3750가구에게 다시 가장 인기 있는 곡 30곡씩을 선정케 한 것에서 시작되었다. 이상회, 「한국 대중음악의 예술사회학적 연구」, 『한국

문제는 이 사이트에서 제공하고 있는 특정 시대별 주요 작품이 곡명의 목록으로만 제시되고 해당 노래들의 실제 음원을 어디에서도 들을 수 없다는 점이다. 오늘날 일반 대중이 세상에 발표된 공식 음원을 들을 수 있는 가장 보편적인 경로는 민간 영역에서 운영하는 '멜론' 등으로 대표되는 음원 플랫폼이다. 2020년 현재 한국의 음원 시장에서는 가장 많은 음원과 이용자 수를 확보하고 있는 멜론을 선두로 지니·플로·유튜브 뮤직·바이브·네이버 뮤직·벅스 등이 음악을 서비스하고 있다. 따라서 이상의 음원 플랫폼에서 찾을 수 없는 음악은 곧 일반인이 들어볼 수 없는 음악이라 해도 무방하다.[13] 그리고 상기의 케이팝 아카이브를 비롯하여 대중음악박물관·한국대중음악연구소·국악음반박물관·음악DB진흥회 등 몇몇 유관기관에서 그 보유의 가능성을 찾아볼 수 있으나 공개되어 있는 기관 소개와 성격, 보유 자료 현황만을 보았을 때는 1920~50년

학』7.5, 1984, 127~155쪽, 129~130쪽.

한편 민간 영역에서 가장 많은 음원과 이용자 수를 확보하고 있는 멜론의 경우 자체적으로 '시대별 차트'를 통해 10년 단위로 인기곡 차트를 제공하고 있으나 1960년대 이후부터만 정리되어 있다는 한계가 있다.

13 다만 '유튜브 뮤직'의 경우 별도의 앱을 통해 이용 가능하지만 기본적으로 서비스 데이터를 유튜브상의 모든 자료와 공유한다. 따라서 유튜브 뮤직에서는 유튜브 뮤직이 공식적으로 확보한 정식 음원과 그렇지 않고 개별 게시자들이 업로드한 유튜브 자료가 함께 데이터베이스로 활용되고 있다. 따라서 유튜브 뮤직은 상기한 나머지 들과 성격이 조금 구분되어야 할 음악 플랫폼으로 보아야 한다.

대에 해당하는 한국 대중가요사 초기의 주요 작품 소장을 기대할 수 없거나 아예 그 여부를 알 수 없는 실정이다. 이제 이러한 희귀 음반 자료는 누군가의 개인적 소장으로만 세상에 남아 있을 가능성이 남는다. 그리고 이러한 지점에서 오늘의 아카이빙 실천과 공유 욕구에 추동된 디지털 데이터화 작업을 통한 유튜브에서의 기록과 저장 행위는 단순한 자료의 보존 이상의 의미를 획득하고 있으며 이를 단적으로 나타내주는 것이 '김연실의 〈아르렁〉'과 '안종식의 〈단가〉 외' 사례다.

  먼저 김연실의 〈아르렁〉은 1926년 나운규 감독의 영화 〈아리랑〉의 주제곡으로 만들어져 널리 알려지게 된 것이 1930년 김연실의 노래로 취입되어 빅타레코드에서 발매된 것이다.[14] 감독인 나운규는 고향인 함경북도 회령에서 남녘 노동자들이 부르던 〈아리랑〉을 회상하며 이의 원형을 찾아 녹음하고자 하였지만 그 연원을 찾을 길이 없어 자신의 기억 속에 남아 있던 멜로디를 바탕으로 노래로 만들었다고 밝혔다.[15] 이 영화음악 〈아르렁〉은 그 초기에는 민요라는 인식보다 새롭게 만들어진 창작품으로 여겨졌으나 경기민요의 일반적인 특성을 공유한

---

14 발매 당시의 곡명인 〈아르렁〉은 '아리랑'으로 공식 표기가 통일되기 전 아리랑의 표기 중 하나이다.

15 [네이버 지식백과] 아르렁/암로 – 김연실(가요앨범 리뷰, 장유정) https://terms.naver.com/entry.nhn?docId=3435259&cid=60487&categoryId=60490#TABLE_OF_CONTENT8(2020년 9월 7일 검색)

다는 음악적 유사성에서 '신민요'[16]의 하나로 받아들여지기 시작했다. 즉 김연실의 〈아르렁〉은 민요를 당대 유행하던 대중음악풍으로 편곡한 것으로 한국 대중음악사 초기의 대표적인 음악 양식을 취하고 있다. 따라서 대중음악화된 최초의 아리랑이라고 할 수 있으며 전통가요가 대중가요화되고 이후 현대인에게 민요로 인식되는 독특한 변천 양상을 보여준다.

특히 이 시기 〈아리랑〉은 민족의 정체성을 상징하는 측면에서 중요하다. 즉 식민지 시기를 겪고 있던 조선인들이 고향을 떠나 각지로 흩어지는 이산 과정에서 영화의 흥행을 계기로 전국적으로 불리던 〈아리랑〉을 조국의 상징처럼 여기게 되었으며 이주민들의 향수와 뿌리를 상기시키는 노래로 자리매김했다는 점이다. 영화 〈아리랑〉의 대중적인 인기는 영화음악 〈아르렁〉이 전국적으로 유행하는 계기가 되었고 당시 식민지 조선인의 정서를 대변하는 노래로 민족적인 감성의 표현인 동시에, 피압박 민족의 저항의식을 드러내는 노래로 한민족의 정서적 동질감을 형성하는 촉매 역할을 하게 되었다.[17] 요컨대 김연실의 〈아르렁〉은 경기민요의 악곡이 영화 〈아리랑〉의 주제곡으로 구체화되고 전국적으로 인기를 끌면서 민족을 대표하는

---

16 일제강점기에 성행한 민요풍의 대중가요.

17 [네이버 지식백과] 아리랑 (한국민속예술사전 : 음악). https://terms.naver.com/entry.nhn?docId=3561765&cid=58721&categoryId=58727(2020년 9월 7일 검색)

선율로 자리 잡게 되었으며 모곡으로서 이후 각 지역을 대표하는 아리랑계 악곡을 생성하는 전기를 마련하였다.

유튜브에서 '김연실 아리랑'으로 검색하면 가장 최상단에 결과로 노출되는 영상이 'A24 : 1930년 영화 주제가 아르렁–노래 : 김연실(1930년 Victor 49071–A SP 음반)'이다.[18] 3분 24초 길이의 이 영상은 음원이 들어 있던 음반 표지 이미지를 정지 화상으로 삼고 거기에 김연실의 〈아르랑〉 음원을 입힌 오디오 중심 영상이다.[19] 그리고 이 영상이 '정창관의 아리랑' 채널을 통해 2018년 5월에 유튜브에 게시됨으로써 김연실의 〈아르렁〉은 이제 인터넷 공간에 저장된 기록으로 남게 되었다. 이제 누구나 간편한 검색만으로 들어볼 수 있거나 간단한 소프트웨어만 이용하면 첨부된 음원을 mp3 파일 형태로 추출하여 다운로드 받

---

18 유튜브 〈A24 : 1930년 영화주제가 아르렁 – 노래 : 김연실(1930년 Victor 49071–A SP 음반)〉 영상. https://www.youtube.com/watch?v=mBv2KGc-DjvE(2020년 9월 7일 검색)

19 게시자의 채널명은 '정창관의 아리랑'이다. 영상에 첨부된 음반 표지의 내용과 유튜브 게시 공간에 첨부된 설명은 이 음원이 한국예술종합학교 교수인 이진원 교수가 개인 소장하고 있던 것을 복각하여 한국고음반연구회가 출판한 학술지 『한국고음반학』의 부록으로 편집, 제작한 CD에 14번째 트랙으로 수록되어 대중에 공개된 것임을 알 수 있다. 이 작업이 이루어진 것이 2013년이고 한국고음반연구회는 이 부록 CD를 일반인이 구매할 수 있도록 인터넷 음반 판매점인 '드림레코드'에도 소량 납품하였으나 현재 품절되어 구할 수 없는 상태이다.

을 수 있게 되었다.[20]

한편 유튜브를 통해 활동하는 개인이나 아마추어 집단들이 대중음악사의 대안적인 기록, 해석자로 기능하고 있는 또 하나의 대표적인 사례는 유튜브 '1896년 7월 24일, 한민족 최초의 음원-11곡(2007년 정창관 CD음반)' 영상[21]이다. 이 영상 역시 '정창권의 아리랑' 채널에서 제공하고 있는 오디오 중심 영상으로, 이 오디오 자료는 음악 기록 장치에 최초로 녹음된 한국 음악이다.

게시물에 첨부된 설명에 따르면 이 음원은 1896년 미국에서 원통형 음반[22]에 녹음되어 미 의회도서관에 보관중인 자료에서 가져온 것이라고 되어 있다. 수록곡은 안종식이 부른 〈단가〉를 포함한 11곡으로 이루어져 있다. 최초로 녹음된 한국의 음악으로서 이 기록물의 의의를 볼 때 어디서도 들어볼 수 없는 이 음원을 한 개인의 문화적 실천으로 유튜브에서 접할 수 있다는 점은 아카이브로서 유튜브의 순기능을 보여주는 또 다른 사례

---

20 유튜브는 플랫폼의 기본 기능으로 해당 게시물의 영상이나 음원을 추출하여 다운로드 받을 수 있는 기능을 제공하고 있지 않지만, 인터넷에 검색하면 서드 파티(third party) 업체들이 제공하는 무료 소프트웨어로 누구나 이를 간편하게 다운로드 받을 수 있다.

21 https://www.youtube.com/watch?v=KfIVLH0K5zw(2020년 11월 2일 검색)

22 음악이 기록된 최초의 매체 형태로 금속 원통에 소리가 새겨지는 형태로 되어 있다.

다. 개인적 즐거움에서 시작했을 수집 행위가 체계를 갖춘 아카이빙과 연구로 발전하면서 대중음악사에 중요한 자료로 기능하고 있는 것이다. 이처럼 유튜브에서의 기록과 저장 행위를 통해 나타나는 김연실의 〈아르렁〉과 '안종식의 〈단가〉 외' 사례는 문화기억과 관련하여 다음과 같은 몇 가지 지점들에서 그 의미를 논할 수 있다.

오늘날 음악은 접근이 쉬운 디지털 파일의 형태로 존재하기 때문에 모든 음악 감상 행위는 그 자체로 직접경험이다. 그러나 위의 두 사례와 같은 경우는 디지털 파일 이전 형태인 원통형 음반이나 유성기 음반으로 제작되어 전용 재생 장치를 통해서만이 직접경험이 가능하다. 따라서 이것을 디지털 음원화 작업을 통해 유튜브에 게시한 것은 대중매체로서 유튜브가 보완기억의 미디어로 기능하고 있는 사례다. 즉 원본으로부터의 경험과 거의 다를 바 없는 간접경험을 제공함으로써 경험의 '진정성'을 확보하고 상대적으로 왜곡 가능성의 문제에서 자유롭다는 측면에서 이러한 아카이빙 작업은 예술작품—음악작품에 관한 보완기억을 구성한다.

오늘날 〈아리랑〉은 다양한 분야에서 다채로운 형식과 내용으로 변주, 활용되며 세계 속에서 한국과 한민족을 상징하는 문화코드로 작동하고 있다. 이러한 아리랑의 시원을 확인하는 김연실의 〈아르렁〉과 녹음된 최초의 한국음악에 대한 경험은 〈아리랑〉과 우리 대중음악사에 대한 문화기억을 각각 보존,

전승, 강화하는 것은 물론이다. 이것은 한 집단이 자신의 건국 신화나 시원신화에 대한 원형을 탐구하고, 그것이 물화된 흔적과 유물을 간직하고 보존하려는 일련의 행위와 같은 의미를 갖는다. 특히 〈아리랑〉은 집단의 구성원들에게 공통된 고유의 소속감을 제공하고 이들을 하나로 묶는 근원적 정서가 표상된 상징물로서, 집단 구성원이 이를 통해 소속과 정체성을 끊임없이 확인하고 다지며 이 과정에서 개인과 집단의 정체성은 공고해진다. 김연실의 〈아르렁〉은 이러한 아리랑에 대한 또 하나의 기억이자 오늘의 집단기억을 가능하게 한 증거물이며 따라서 〈아리랑〉에 대한 문화기억의 보존, 전승에 있어 중요한 기억이다.

고음반의 음원화 작업이나 최초의 음원을 찾아 데이터화하는 이러한 기록과 저장의 행위는 자신의 소장자료를 영구화하는 동시에 유튜브 '네트워크 저장소'를 통해 세상과 나누고 그로부터 공감과 지지를 얻음으로써 그 가치를 재확인하고 제고한다. 즉, 유튜브에 아카이빙된 자료는 타인과의 커뮤니케이션 장이자 사회적 공간 속에 던져짐으로써 게시물과 관련된 다양한 사회적 논의의 가능성을 잠재한다. 그리고 이 게시 행위에는 그 자료가 '보존되어 마땅하다'거나 '사회가 주목할 만한 가치를 지니고 있다'는 게시자의 관점과 가치관이 전제되어 있다. 그리고 이 기록과 저장의 결과물은 사회 구성원들, 즉 다른 향유자들의 선택과 재생의 반복, 그리고 소통을 통한 사회적 공감대 형성을 통해 문화기억으로 수렴될 수 있으며 따라서 '김연실의 〈아르렁〉'과 '안종식의 〈단가〉 외' 사례는 이를 위한 중요한 소통적 기억이자 저장기억으로서 의미를 지닌다.

두 사례를 통해 나타난 기억의 기록과 저장은 희귀 음반을 대중의 항시적이고 즉각적인 접근이 가능한 공간으로 끌어냈다는 점에서 음악사 연구의 측면에서 의미 있는 현상이며 저장기억의 확보를 통해 새로운 기능기억의 잠재적 가능성을 확보하는 것이다. 이는 기록으로만 전하여오던 역사적 유물이나 유적이 실물로 발견된 현상에 비유할 수 있다. 즉 구체적인 실물로서 사료가 확보된 것이며 이를 통해 역사 연구에 있어 다양한 확장성과 가능성을 담보할 수 있게 된 것이다. 대중음악사 연구에서 음반과 음원은 가장 일차적인 사료이다. 그 음원에 대한 음악학적 분석이 선행되고 이를 토대로 음반이 제작된 문화적, 사회적 배경을 추적함으로써 해당 음악의 음악사적 가치를 밝히고 나아가 이를 향유하던 당대의 대중과 사회를 가늠할 수 있다. 따라서 김연실의 〈아르렁〉이나 1890년대 한민족 최초의 음원인 안종식의 〈단가〉가 구체적으로 어떤 형태를 지니고 있으며 이에 음악사적으로 어떤 위치에 놓여야 하는지가, 실제로 그 자료를 접할 수 있었던 과거의 일부 전문가나 연구자에 의해 일단락된 고정된 논의였다면, 음반의 확보와 그 실제적인 '소리 내용'의 공개와 공유는 이 자료들에 관한 새로운 논의로의 가능성을 열어준 것이라 볼 수 있다.

이제 전문가와 아마추어 영역의 모든 연구자나 마니아가 간단한 검색만으로 이 사료를 접할 수 있게 되었으므로 보다 다양한 각도에서의 접근과 해석, 관점의 제시가 이루어질 수 있다. 즉 이러한 사료의 디지털 아카이빙은 오늘날 아마추어 역사 연구자들과 역사 마니아를 또 다른 과거 해석자로 등장시킨다는 측면에서 '역사 대중화'[23]의 관점에서 바라볼 수 있으며, 역사 연구와 소비에 있어 더 다양한 가능성을 제공한다. 이 가능성은 일차적으로 음악학적이고 기술적인 분석에서부터 더 나아가 이를 토대로 새로운 음악사적, 민족학적, 한국학적 담론 형성의 계기로 이어질 수 있다. 특히 대중음악사의 영역은 그 문화적 가치를 비교적 크게 인정받지 못해오던 상황에서 국가에 의한 체계적인 관리가 주도하거나 큰 힘을 발휘하지는 못하던 영역임에, 전문가 집단의 연구는 물론 아마추어 수집가들의 헌신적인 열정에 의한 협업이 큰 힘을 발휘하는 곳이기 때문이다.

---

23 주성지, 「역사대중화와 디지털 역사자료 – 역사소비의 변곡」, 『역사민속학』 55, 2018, 23~54쪽.

2) 엄정화의 〈다가라〉

사람들의 미디어 시청 시간의 많은 부분을 유튜브가 가져가면서 레거시 미디어는 유튜브와 경쟁해야 하는 상황이 되었다. 유튜브에서 시청자들은 누군가 완전히 새롭게 기획하고 창작한 것을 보기도 하지만 그에 못지않게 많은 시간을 더 먼 과거의 잔재를 소비하는 데 쓴다. 시청자 입장에서는 재미를 보장할 수 없는 현재의 콘텐츠보다 검증된 과거의 명작들이 더 좋은 선택이 될 수 있기 때문이다. 오늘날의 모든 새로운 콘텐츠는 동시대뿐 아니라 유튜브에 올라와 있는 과거 모든 콘텐츠와의 경쟁에서 선택받아야 할 처지에 놓였다.

이와 같은 복합적인 환경을 고려할 때 주류 방송사들은 유튜브를 활용하지 않을 수 없게 되었다. 이들은 유튜브에 채널을 만들고 자신들의 옛 방송 자료를 올린다. 이제 방송사 자료창고의 아날로그 혹은 디지털 저장매체에 섞여 있던 아카이브는 유튜브라는 공개된 디지털 아카이브에 다시 정렬된다. 물론 이때 아카이빙 대상의 선별의 기준은 예상되는 대중의 관심, 즉 조회수이다.

이에 한국 대중음악 관련 자료들도 아카이빙되기 시작했다. 대표적으로 KBS는 'Again 가요톱 10 : KBS KPOP Classic', SBS는 '스브스뉴트로', MBC는 'MBCkpop'라는 채널을 통해 80년대부터 최근에 이르기까지 가요 관련 방송 프로그램 자료를 제공한다. 여기에는 오랜 전통의 〈쇼특급〉[24], 〈가요톱10〉[25]이나 〈인기가요〉[26]와 같은 순위 프로그램부터 〈이소라의 프로포즈〉[27]와 같은 음악 예능, 다양한 연말 시상식 등이 체계적 분류를 거치지 않고 두서없이 올라와 있다. 그리고 옛 가수들의 모습을 볼 수 있는 이러한 공간들은 '온라인 탑골공원'[28]이라 불리게 되었다.

'온라인 탑골공원'은 유튜브 향유 주체로 채널을 개설하고 있는 방송사의 기록과 저장으로 구축된 공원이다. 하지만 이 공원은 실제 탑골공원처럼 윗세대들만의 전유 공간이 아니다. 중장년 세대는 자신이 직접 경험했던 시간에 대한 추억을 찾아, 젊은 세대는 자신 부모 세대의 스타를 신기하게 구경하거나 신선한 멋을 찾아 이 공원을 출입한다. 또 모든 세대가 자기보다 오랜 과거는 물론 자신이 놓쳤던 동시대의 수많은 즐길거리를 찾아 헤매기도 한다. 따라서 온라인 탑골공원은 오늘의

---

24 KBS 1TV에서 1987년부터 1990년까지 방송된 음악 쇼 프로그램이다.

25 KBS 1TV와 KBS 2TV를 오가며 1981년부터 1998년까지 방송된 가요 순위 프로그램이다.

26 SBS에서 2000년부터 현재까지 방송되고 있는 가요 순위 프로그램이다.

27 KBS 2TV에서 1996년부터 2002년까지 방송된 음악 토크 쇼 프로그램이다.

28 온라인 탑골공원은 실제 탑골공원이 주료 장년층들의 휴식과 유희의 전유 공간인 것에서 비유한 것으로 옛 음악 자료들이 있는 공간이라는 의미로 향유자들에 의해 만들어진 신조어이다.

레트로와 뉴트로 문화를 위한 레퍼런스 자료 창고이다. 새로운 것을 찾는 젊은 세대는 과거의 유행에서 오늘의 트렌드를 위한 힌트를 발견한다.

방송사들이 기록과 저장을 통해 유튜브라는 공개된 디지털 아카이브에 자료를 공유하면서 향유자들이 이를 자유롭게 내려받아 무한 복제하여 저장, 활용하는 것이 가능하게 되었다. 이제 혹 유튜브라는 아카이브가 사라진다 해도 이 자료는 누군가의 컴퓨터 하드디스크에 남기에 세상에서 영원히 소실될 가능성은 더욱 낮아졌다. 또 향유자들 입장에서는 유튜브는 물론 다른 웹 공간에서 다양한 문화적 실천을 할 수 있는 기억 자료를 획득하게 된 셈이다. 이 저장기억들은 물론 기본적으로 해당 곡들에 대한 우리 사회의 기억을 보존, 전승하며 또 이를 통해 기억은 더 공고해진다.

그리고 이제 유튜브에 게시된 기억들은 즉각적이고 항시적인 접근성과 현재성의 부여를 통해 기능기억으로의 활성화에 대한 상시적 잠재 가능성을 획득하게 되었다. 회상은 몇 번의 클릭이라는 간단한 과정을 통해 손쉽게 이루어지고 먼 과거나 가까운 과거가 똑같은 조건에서 우리의 기억 쟁탈을 위해 경쟁한다. 이제 선형적 질서로부터 자유로운 과거 소환 행위는 먼 과거를 어제의 기억보다 더 생생하고 친근한 것으로 만든다.

특히 유튜브에서 이루어지는 기억의 기록과 저장은 게시 과정에서 제목이나 해시태그 등을 통해 '현재'라는 아카이빙 시점의 해석적 관점을 반영함으로써 이미 현재와 연결되어 있는 경우가 많은데 온라인 탑골공원 자료 중 하나인 가수 엄정화의 영상은 그 사례가 될 수 있다. 1990년대 SBS 인기가요에서의 엄정화의 〈다가라〉 라이브 영상은 2020년에 "언니 환불 받으러 왔다. 다가라"라는 섬네일 문구를 달고 아카이빙됨으로써 기록과 저장만으로 이미 활성화된 기억이다. 이 90년대 영상은 예능 방송을 통해 '환불원정대'라는 프로젝트 그룹으로 다시 활발한 활동을 하고 있는 2020년의 엄정화와의 연결 지점을 통해 의미 중립적인 과거 기록에서 벗어나 오늘의 관점에서 재현된 기억이다. 즉 영상의 제목을 비롯해 게시판의 메시지, 댓글과 좋아요를 통한 향유자들의 소통, 추천영상과 하이퍼텍스트 기능을 통해 확장된 논의는 엄정화의 기억을 90년대의 단절된 저장기억에 머물러 있도록 내버려두지 않는다. 2020년 환불원정대로서의 현재의 엄정화의 표상은 90년대 〈다가라〉의 엄정화를 다시 규정하고 재맥락화함으로써 다르게 재현한다. 물론 이 경우 엄정화와 〈다가라〉의 기억은 완전히 새로운 것으로 재구성되었다기보다 기억의 확장을 통해 강화되었다고 할 수 있으며, 유튜브라는 플랫폼과 그 인터페이스를 통해 이루어지는 콘텐츠 향유가 과거 90년대 당시의 TV 시청을 통한 것과는 다른 미디어 경험을 제공함으로써 현재와 살아 있는 관계를 맺는 기능기억으로 활성화된 것이다.

3) 군중집회의 360도 영상

360도 카메라는 수평 및 상하 360도 전 방향을 촬영할 수 있으며 이렇게 촬영된 영상을 360도 영상이라 한다. 360도 카메라가 촬영자의 시점에서 모든 방향의 사건을 녹화하는 원리는 주로 '멀티 조립형' 360도 카메라 방식을 통해서다. 이 카메라는 여러 개의 카메라의 조합으로 이루어져 있으며 이를 일정한 각도별로 설치하고 동일한 시점에, 즉 동시에 촬영하고 그 영상을 알고리즘을 통하여 디스플레이상에서 합쳐서 전체의 영상을 구성하는 방식이다.[29] 영상 처리 관련 디지털 기술이 빠르게 발전함에 따라 엔터테인먼트, 인포테인먼트 등의 관련 산업이나 여행, 일상 등 다양한 분야에서 활용되는 비율이 점차 증가하고 있다.

한편 2장에서 언급한 것처럼 유튜브가 이미 가장 독보적인 주요 동영상 플랫폼으로 자리하고 있는 상황에서 그 기능적인 면에서도 차별화를 보이는데 바로 360도 영상을 게시하고 시청할 수 있다는 점이다. 360도 동영상은 동영상 재생 중 시청자가 시점(視點)을 자유롭게 바꿀 수 있는 새로운 형태의 동영상 서비스로 기존 동영상의 시점이 촬영자가 선택한 시점으로 고정되어 있다면 360도 동영상은 키보드, 마우스, 가속계 등

---

29 용악가, 「360° 카메라를 이용한 입체영상 제작에 관한 연구」, 중앙대학교 첨단영상대학원 석사학위논문, 2019, 8쪽.

입력장치를 활용해 시청자가 자신이 보고 싶은 곳을 임의로 선택할 수 있으며 이는 영상의 재생 중에도 실시간으로 가능하다. 따라서 기억의 기록과 관련하여 360도 영상이 시사하는 바는 흥미롭다. 여기서는 360도 카메라로 촬영된 라이브 영상의 사례를 통해 그 의미를 살펴보고자 한다.

살펴볼 사례는 집회 현장에서 문화 공연이 펼쳐지는 풍광을 360도 카메라도 촬영한 영상이다. '10차 촛불집회(음악과 함께여서 좋다) 360도 카메라'라는 제목을 달고 게시된 영상은 김건모의 〈잘못된 만남〉, 샌드페블즈의 〈나 어떡해〉 등이 울려퍼지는 집회의 현장을 담고 있다. 하지만 이 사례에서 노래와 가수가 무엇이냐보다는 이 노래들이 함께하는 상황과 이에 대한 360도 영상 촬영의 의미가 중요하다. 360도 카메라는 촬영자의 지점에서 담을 수 있는 전 방향의 모든 시각적 정보가 기록된다. 따라서 인간의 시감각 수용의 한계가 일반적인 카메라에 의해서 이미 한 번 확장되었다면 360도 카메라는 시각적 정보에 대한 '완전 기억(total recall)'을 실현한다. 촬영된 360도 영상은 촬영 당시 촬영자가 경험하지 못한 나머지 시야의 시각경험까지 모조리 기억한다. 즉 촬영자의 직접경험에 간접경험까지 함께 기록됨으로써 이후 기억의 재구성을 위한 더 많은 정보를 기록해준다.

따라서 이러한 집회 현장에서의 360도 카메라를 이용한 기록은 그야말로 스트리트 무비로서 대중기억의 구성을 위한 시각화된 기억 정보의 궁극적 형태를 제공한다. 이 사례에서는 집회 현장의 곳곳을 누비는 촬영자에 의해 그가 이동한 경로에서 가능한 집회 당시 현장의 모든 장면이 기록된다. 그와 그의 360도 카메라는 집회 군중 속의 공기, 집회에 대한 시민들의 반응, 공권력의 부당한 인권 침해나 대응 등 모든 세세한 현장의 목격자가 된다. 따라서 이러한 자료는 지배담론에의 도전이나 저항의 순간에 대한 전방위적 기록으로 기능할 수 있으며 이러한 목격하기에 의한 증언의 축적, 즉 아카이빙을 통해 소통적 기억을 축적할 수 있다. 또 이러한 집회는 정치적 이념과 사회적 가치관이 대립하는 장으로서 이 증언들은 자신의 주장을 위해 전략적으로 수집되고 강조된 사례들이며, 여기서 유튜브는 후대의 전승을 위한 역사적 사건의 증언들이 저장기억으로 축적되어 있다는 측면에서 시민언론의 장으로서 기능한다. 여기서 향유자의 기록과 저장 행위는 이와 같은 중요한 사건이나 장소에 대한 차후의 영구적 재현을 보장함으로써 유튜브가 대중기억의 매체로 기능할 수 있도록 한다.

4) 조용필의 〈허공〉 뮤직비디오

인터넷과 디지털화가 추동한 새로운 미디어 환경의 조성은 음악콘텐츠의 소비 양상을 '보는 음악'으로 변화시켰다. 1981년에 등장한 미국의 음악 전문방송 MTV가 뮤직비디오를 위시한

'보는 음악'의 시대를 열었다면 2005년대 유튜브의 등장과 스마트폰에 의한 모바일 환경의 구축은 아예 '뮤직비디오 시청'을 가장 주요하고 영향력 있는 음악 소비 방식으로 만들고 있다. 과거 단순히 음악을 위한 홍보물이었던 뮤직비디오는 이제 마케팅, 브랜딩, 부가가치의 영역으로 역할을 확장하고 있으며 다양한 방식으로 읽히는 텍스트로 작용하고 있다. 그리고 이로부터 생성된 담론과 파생 콘텐츠들은 음악의 콘텍스트를 더욱 풍부하게 해주며 뮤직비디오를 이 시대 가장 중요한 음악콘텐츠로 부상시켰다. 유튜브가 주요한 음악콘텐츠 플랫폼으로 자리잡을 수 있었던 중요한 이유 중 하나도 유튜브가 뮤직비디오의 유통 미디어로 기능하기 때문이다.

한국 최초의 뮤직비디오는 1985년에 발표된 조용필의 〈허공〉 뮤직비디오로 알려져 있다.[30] 당시 최고의 스타였던 조용필에 의해 시도된 이 뮤직비디오는 드라마타이즈 방식을 취하고 있으며 조용필 본인이 직접 등장하여 당시 16세인 배우 김혜수와 함께 연기를 보여준다. 그런데 이 뮤직비디오는 앞서 다뤘던 '온라인 탑골공원'류의 방송국 유튜브 아카이브에도 존재하지 않고, 관련기관으로는 한국영상자료원 등을 떠올려볼

---

30 「'이십세기 힛-트쏭' 한국 최초 드라마 뮤직비디오… 조용필 '허공' 속 '16세 꽃미모' 김혜수 등장」, 『한국경제TV』, 2020.9.19. http://www.wowtv.co.kr/NewsCenter/News/Read?articleId=A202009190019&t=NN(2020년 11월 10일 검색)

수 있으나 보유 자료에서 검색되지 않는다. 그 외 다른 전문기
관 소장의 가능성이 있을 수 있으나 역시 일반의 접근이 용이
하지 않다는 점만은 분명해 보인다.

하지만 이 자료가 2018년 한 향유자의 게시로 유튜브에 공
개되었다.[31] 아이디 'Queen Korea'를 사용하는 이 향유자는 영
국 록 그룹 퀸(Queen) 음악의 마니아로 추정되며 그가 게시한
모든 영상은 퀸 관련 영상인데 유일하게 조용필의 〈허공〉 뮤직
비디오가 함께 업로드 되어 있다. 채널 정보, 현황 등으로 미루
어 앞선 김연실의 〈아르렁〉 사례의 '정창관 채널'처럼 체계적
인 아카이브를 시도하는 이는 아닌 것으로 보인다. 다만 이 게
시물의 설명글에 한국 최초의 뮤직비디오라는 점과 이를 확보
하기 위해 판도라 TV에서 영상을 가져왔으며 음원을 고음질
로 교체했다는 내용을 첨부한 것으로 보아 자료의 희소적 가치
를 알고 이를 보존하려는 노력을 하고 있다는 것을 짐작할 수
있다.

이 향유자의 기록과 저장에 의한 한국 최초의 뮤직비디오 자

---

31 비록 현재 이 뮤직비디오가 유튜브 이외에도 한국 기업에서 서비스하
는 또 다른 동영상 플랫폼인 판도라 TV에도 게시되어 있으나, 국내의
소수만이 이용하는 판도라 TV는 그나마 서비스 제공이 원활하지 않은
상태이고 글로벌한 소통으로 이어질 수 있는 가능성이 적으며 플랫폼
의 존폐를 장담할 수 없는 상태라는 점에서 유튜브에 게시된 자료는 향
후 유일한 자료가 될 가능성이 크다.

료의 확보는 물론 기본적으로 조용필의 〈허공〉에 대한 기억을 보존·전승·강화한다. 그리고 이 저장이 유의미한 것은 물론 이것이 한국 최초의 뮤직비디오라는 점이며 이제 영상미디어 관련 분야는 물론이고 대중문화와 연예산업 관련 연구에서 중요한 텍스트가 되고 있는 뮤직비디오 연구에 있어 의미 있는 자료가 되기 때문이다.

2. 선별과 큐레이션

넘쳐나는 정보 속에서 제한된 시간 안에 원하는 정보를 효율적으로 찾고자 하는 정보 소비자들의 욕구는 큐레이션(curation)을 새로운 화두로 부상시켰다. 과거에는 누가 정보를 가지고 있느냐가 중요했다면 이제는 누가 양질의 선별된 정보를 잘 활용하느냐가 중요하게 되었다. 따라서 원래는 미술관이나 박물관에서 전시할 작품을 기획하고 설명해주는 역할을 맡았던 큐레이터에서 파생한 신조어인 큐레이션은, 본래의 영역을 벗어나 사회의 각 분야에서 선별된 정보를 제공해주는 서비스를 의미하는 용어로 쓰이게 되었다. 특히 AI 기술의 발달과 함께 빅데이터를 활용한 정보의 취급에 대한 중요성이 커지면서 큐레이션은 디지털 정보 처리 분야에서 그 위상과 중요성이 커지고 있다.

이것은 오늘날 유튜브 환경에도 마찬가지로 적용되는데 오직 키워드에 의한 검색을 통해서만 정보가 분류되는 무질서한 정보 창고에서 자신이 원하는 정보를 찾고자 하는 향유자들은 큐레이션 형태로 제공되는 콘텐츠에 쉽게 의지하게 된다. 이제 향유자들은 유튜브에서 실용적인 정보를 찾을 때는 물론 여가와 재미를 위한 즐길거리를 찾는 데 있어서도 AI나 타인에 의한 컬렉션들을 뒤적거림으로써 정보의 범람이 안겨주는 선택장애와 피로감을 회피하려고 한다.

문화기억의 구성 방식으로서 선별과 큐레이션은 유튜브 향유자가 자신이 설정한 특정 주제에 대한 자료들을 선별, 취합하고 이것을 묶어 공유함으로써 남에게 권유, 추천하는 과정에서 작동하는 기억의 구성 방식을 말한다. 유튜브 대중음악 콘텐츠 창작에서 선별과 큐레이션의 양상은 대부분 플레이리스트 영상 유형으로 나타나는데 음악과 관련해서 이것은 주로 향유자가 자신이 설정한 주제에 부합하다고 생각되는 음원이나 라이브 영상 자료들을 모아서 엮어 만드는 형태이다. 이런 플레이리스트 콘텐츠는 선별된 자료들에 대한 편집이나 가공 없이 단지 이들을 한군데 나열하거나 이어붙임으로써 완성되는 경우가 대부분이다.

선별과 큐레이션에는 선택적 기억과정이 개입한다. 이 과정은 의도적 배제를 포함하는데 이는 일종의 '의도적 망각'이라 할 수 있으며 영상이 내세우고 있는 주제나 콘셉트가 이미 다분히 주관적 판단의 영역에 해당하는 경우일 때는 상관없지만, 그렇지 않은 경우에 이러한 의도적 망각의 문제나 혹은 선별 과정에서 발생하는 자료 불일치의 오류는 정보 왜곡의 문제로 이어진다. 큐레이션을 위한 선행작업이라 할 수 있는 선별에서 언제나 문제가 되는 것은 큐레이터의 역할을 하는 콘텐츠 생산자의 선별 객관성이나 신뢰성이다. 이 경우 그러한 콘텐츠를 접촉하는 향유자들은 보다 신뢰감 있는 정보를 받아들이고, 그것은 긍정적인 문화기억의 형성에 영향을 미친다. 하지만 2장에서 살펴본 바와 같이 오늘날 유튜브 아카이브의 기록관리자인 향유자의 비전문성으로 인해 자료의 접수 과정에서뿐만 아니라 콘텐츠 창작을 위한 자료 수집의 선별 과정에서도 정보의 왜곡과 오류가 발생할 가능성은 상시 잠재하고 있다. 특히 유튜브는 정보에 대한 객관성과 신뢰도의 철저한 점검이 요청되는 레거시 미디어에 비해 그 의무로부터 상대적으로 자유롭기 때문에 시청자에겐 언제나 주의해야 할 미디어임에도 유튜브 채널에 자리한 다양한 방송 주체들의 혼재된 성격 때문에 시청자는 모든 정보에 대한 비판적 수용의 과정을 거치기 쉽지 않다.

따라서 어떤 플레이리스트 콘텐츠에서 그것이 의도적 배제와 망각에 의한 것이든 부지불식간에 발생한 오류에 의한 것이든 표방하는 주제와 불일치하는 선별과 큐레이션은 결국 기억의 재구성을 초래할 수 있다. 이는 어찌 보면 모든 기억이란 본질상 항상 구성적이며 기억의 재구성은 기본적으로 선택적 기억하기(선별)로 시작하는 것임을 상기할 때, 플레이리스트 콘텐츠에서는 '선별과 큐레이션'은 가장 단순한 구조로 직접적이고 가시적으로 드러난다. 그리고 특히 해당 콘텐츠가 대중음악사와 관련한 것이라면 이것이 전문적 검증 없이 무분별하게 생산 배포될 때 음악사에 관한 관련 기억은 유동적인 것이 된다. 결국 기억 왜곡의 위험성을 가지고 있는 이러한 큐레이션 콘텐츠가 더 많은 사람에게 검색, 노출되어 향유될 때 이것은 집단기억의 재구성을 가져올 수 있다.

이와 같은 왜곡과 오류를 포함한 기억의 선별과 큐레이션은 공공의 비판과 성찰을 통해 바로잡아질 수 있으며 이런 비판적 공론의 장 역시 사회적 공간으로서 유튜브의 소셜미디어적 기능들에 의해 마련될 수 있다. 즉 해당 콘텐츠를 둘러싼 댓글과 채팅에 의한 향유자들 간의 문제 제기와 토론 등 집단에 의한 자기 성찰성을 통해 이러한 문제를 교정 · 자정할 수 있다.

1) 민중가요 〈임을 위한 행진곡〉

〈임을 위한 행진곡〉은 광주민주화운동을 상징하는 노래로 전남대 학생 김종률의 곡에 소설가 황석영이 시민사회운동가 백기완의 옥중 시의 일부를 차용해 가사를 붙여 만든 곡이다. 광주민주화운동 당시 계엄군에 의해 희생된 고 윤상원 씨와 1979년 광주의 노동 현장에서 사망한 노동운동가 고 박기순

씨의 영혼결혼식에 헌정된 노래이다.

광주민주화운동은 직접적으로는 1980년 5월 열흘간의 투쟁
을 지칭하지만, 이때부터 전두환, 노태우 두 전직 대통령에 대
한 처벌이 이루어지는 시기까지를 의미하기도 한다. 따라서 80
년 광주의 정신을 계승하는 이 곡은 민주화운동 집회 현장에서
종종 불리는 한국의 대표적 민중가요로, 그리고 80년대 말부
터 대학사회를 넘어 노동·농민운동, 그리고 시민운동을 통하
여 다른 계층, 집단에 의해 수용되고 나아가 대중문화의 일부
로 정착되었다. 한국의 민주주의가 어느 정도 자리를 잡은 이
후에는 운동가요나 의례음악으로서의 성격을 함께 지니게 되
었으며 김대중 정부 이후 5·18 광주민주화운동 기념식의 공
식 추모곡으로 지정되었다. 그러나 이후 정권의 교체에 따른
이념적 지향에 따라 공식 제창곡에서 제외되기도 하는 등 논란
이 있어왔다. 공식 역사에서는 민주화운동으로서 5·18에 대
한 성격이 이미 규정되었으나 이를 인정하지 않는 일부 집단과
이들을 정치적 지지기반으로 하는 세력에 의해 〈임을 위한 행
진곡〉은 항상 이념적 대립과 갈등의 표출 창구가 되어왔다.

추모 음악으로 시작하여 사회운동 음악으로 발전한 〈임을
위한 행진곡〉은 한국 민권운동의 의의와 정신을 높이 사고 이
를 계승하고자 하는 주변국과의 유대를 통해 이미 1980년대
아시아 국가 간의 학생운동 교류와 노조 견학 등을 계기로 해
외로 알려졌다. 1980년대 초중반 홍콩을 시작으로 이후 인

도·필리핀·파키스탄·대만·중국·캄보디아·태국·인도
네시아 등 거의 아시아 전역으로 퍼졌으며 각 나라의 민권운동
의 현장에서 상황에 따라 개사되거나 번안, 변용되어 불려왔
다.³² 최근에는 2019년 '범죄인 인도 조례' 제정에 반대하는 홍
콩 시민들의 '100만 행진' 현장에서도 〈임을 위한 행진곡〉의
의미가 소개되고 불렸다.

　유튜브에서는 5·18과 〈임을 위한 행진곡〉에 성격에 대한
지지와 부정의 이념적 갈등이 향유자들의 문화적 실천으로 나
타나고 있다. 이 가운데 여기서 다루려는 사례는 세계 각국에
서 불리는 〈임을 위한 행진곡〉의 영상들을 모아놓은 플레이리
스트 영상이다.

　영상은 대부분 각국의 집회 현장, 민주화운동 기념식, 거리의
버스킹 현장 등에서 불리는 다양한 〈임을 위한 행진곡〉의 라이
브 영상을 이어 붙인 내용으로 30분짜리 형태로 되어 있다. 영
상에서 〈임을 위한 행진곡〉은 원곡 그대로 혹은 저마다의 맥락
에 맞게 번안되거나 개사되고 편곡되어 응용되고 있다. 그리고
이제 유튜브에 흩어져 있던 이 기억들을 '베트남life plaza'라는
아이디의 향유자에 의해 한데 불러모아진 것이다.

32　선담은, 「[뉴스AS] '임을 위한 행진곡'은 어떻게 홍콩과 대만에 전파됐
　　나」, 『한겨레』, 2019.6.17. http://www.hani.co.kr/arti/society/society_
　　general/898198.html#csidxee621512bbaf5e4bba807e092f5789d(2020년
　　11월 5일 검색)

1980년대부터 2019년까지 시공간을 초월하는 각양의 〈임을 위한 행진곡〉에 대한 기억은 디지털 공간에서 손쉽게 수집되고 선별되어 소환된다. 플레이리스트로 한데 엮인 영상들은 이 노래가 어떻게 그 기능을 수행하고 있는지에 대한 세계의 증언 모음집인 것이다. 그리고 전 세계 시청자는 이 문화적 실천을 통해 되살아나고 생명을 이어가는 80년 5월 대한민국 광주의 정신을 공유한다. 또 정작 이 곡의 탄생지인 한국에서 아직도 이를 둘러싼 이념적 대립이 완전히 끊이질 않고 있는 상황에서, 영상은 노래의 역사적 정통성과 당위성을 전승하고 강화하고자 하는 '온라인 기억 전쟁'을 위한 정치적·문화적 투쟁의 산물이기도 하다. 따라서 이 영상을 통해 민주화운동 정신의 상징으로서 〈임을 위한 행진곡〉에 대한 기억이 전승, 강화되는 것은 물론이다.

이 영상은 또한 360도 영상의 사례처럼 젤리저(Barbie Zelizer)가 말한 증언하기를 통한 개인들의 역사적 증언이 중요한 역할을 하는 디지털 시대의 문화기억 구성을 보여주는 단적인 사례이다. 플레이리스트를 이루고 있는 개별 영상들은 각각의 독립된 시민언론으로서 개인이 휴대용 기기를 활용하여 역사의 현장을 직접 기록하고 저장한 결과물이다. 세세한 모든 현장에 퍼져 있는 이들의 눈은 기성 언론이 포착하지 못하는 현장을 한 발 앞서 기록하고 그에 대한 능동적이고 자유로운 해석을 수행한다. 그리고 이를 소셜미디어를 통해 공적 토론의 장에 내어놓음으로써 권력과 기성 언론으로부터 자유로운 아젠다 세팅을 수행하며 전 세계인을 이 담론으로 끌어들인다.

한편 이 역사의 현장들에 대한 기록들이 각국의 공식 역사에 편입될 것인지는 후대의 역사적 평가와 정치적 논리에 달려 있다. 그러므로 이 기록들은 후대의 관점에서 보아 공식 역사를 떠받치는 저장기억들로서 혹은 반대로 이에 대항하는 대중기억의 구성을 위한 기록으로 기능하게 될 것이다. 이 투쟁의 순간들이 역사적 정당성을 부여받는 그날까지는 지배담론과 지배기억에 대항하기 위한 정치적 실천의 순간들로 평가될 것이기 때문이다.

2) 경성시대 추천곡

언제부터인가 이른바 '경성시대'라는 표현으로 수렴되는 일군의 문화현상은 우리 대중문화 코드 중 하나로 부상하였다. 익선동 일대에서는 '경성의복', '익선의상실', '종로부띠끄' 등 '경성 패션' 전문 대여점이 성업 중이고 대구나 군산의 적산가옥 밀집 지역과 전국 각지의 한옥마을을 중심으로 의상 대여점은 물론 '모던걸' 콘셉트의 사진관이나 개화기 인테리어를 표방하는 식당이 유행하고 있다.

이른바 '경성시대'에 대한 최근의 관심은 2018년 드라마 〈미스터 선샤인〉 등의 인기에 힘입은 바 크지만 이를 비롯하여 사

실 '경성'이라는 공간이 일반 대중에게 주목받게 된 것은 앞서
2000년대 이후 꾸준히 제작되어온 영상 서사물들에 기인한다.
즉 〈경성스캔들〉[33], 〈경성 기방 영화관〉[34] 등의 드라마와 〈기
담〉[35], 〈밀정〉[36], 〈암살〉[37], 〈아가씨〉[38] 등의 영화에서는 이 시기
경성의 일정 부분을 과장하거나 미디어적 상상력을 동원해 표
현해왔다. 그리고 특히 이러한 콘텐츠들에서 부각시키는 이미
지는 이제 막 근대화로 진입한 도시와 신문물의 등장, 당시 서
구식을 그대로 옮겨놓은 화려한 의상, 댄스 홀과 카페 등으로
묘사되는 문화 풍경 등 활기차고 낭만이 피어나는 도시 경성의
모습이다.

　하지만 서울을 의미하는 일반명사로서의 '경성'이 아닌 개화
기에서 식민지 시대에 이르는 시기의 '경성'은 조선을 점령한
일제가 500년간 수도였던 한성부(한양)를 격하시킨 조치에서 등
장한 표현이다. 1910년 경술국치 이후 일본은 조선총독부 칙령

33　KBS2 TV에서 2007년 방송된 드라마로 1930년 경성을 배경으로 독립
　　운동과 모던 로맨스를 소재로 한다.
34　OCN에서 2008년 방송된 드라마로 1920년대 경성의 성 풍속을 소재로
　　한다.
35　2007년 개봉된 영화로 판타지적으로 구현된 일제강점기의 경성이 배경
　　공간으로 등장한다.
36　2016년 개봉된 영화로 일제강점기의 항일 독립운동을 소재로 한다.
37　2015년 개봉된 영화로 일제강점기의 항일 독립운동을 소재로 한다.
38　2016년 개봉된 영화로 1930년대 일제강점기를 배경으로 한다.

으로 한성부를 경성부로 바꿔버렸으며 경성을 조선의 수도가
아닌 경기도의 소속 관서 정도의 위치로 낮춘 것이다. 이로써
조선에 있어서는 수도라는 개념 자체가 상실된 것이다. 따라서
'경성시대'라는 말은 일제 식민통치의 잔재이며, 식민 도시로
서의 낙인이 찍힌 표현이다. 그러므로 '경성시대'는 한 나라의
수도에서 경기도 일반 지방 행정단위로 전락한 당시 상황을 미
화시키는 오해를 초래할 수 있으며 식민지 시대에 대한 역사적
인식의 부족이나 왜곡에서 비롯된 것이라 보아야 한다.[39]

　다만 이 글과 관련하여 '경성시대'라는 표현에 담긴 욕망이
무엇인지는 살펴볼 필요가 있다. 즉 오늘 우리 사회는 왜 '경성
시대'에 주목하고 '경성시대' 문화를 통해 추종하고자 하는 지
점이 어디인지 말이다. 기실 경성에 관한 담론은 미디어보다는
우선 2000년 전후로 활발히 진행되었던 학계에서의 생활사,
문화사 연구[40]가 촉발한 것이다. 이러한 연구들은 모던한 경성
문화의 화려한 '시각성'을 부각시키며 '이미지화된 경성'에 대
한 담론을 부추겼다. 이러한 작업들은 당시 근대의 상징적 인

---

39 스브스뉴스, 〈요즘 인스타에서 핫하다는 #경성시대, 대체 어떤 시
대길래?〉 영상 중 이기훈 연세대 사학과 교수 인터뷰. 스브스뉴스,
2019.8.14. https://www.youtube.com/watch?v=Q70K7d47b3I(2020년
11월 1일 검색)

40 김진송의 『현대성의 형성 : 서울에 딴스홀을 허하라』나 신명직의 『모던
뽀이 경성을 거닐다 : 만문 만화로 본 근대의 얼굴』 등이 대표적이다.

프라인 도로, 전차, 기차, 전기가 가설되는 문명의 도시로서의 경성의 모습에서 경성이 지닌 근대성을 '발견'하거나 이것이 '출현'했다는 측면에서 접근하기 시작했으며 상상적 심상으로 이미지화된 경성을 '구성'해내었다.[41] 그리고 이를 통해 주조된 경성의 모습은 주로 1920~30년대를 배경으로 '모던보이'와 '모던걸'[42]이 화려한 서구식 의상을 갖춰 입고 댄스홀에서 춤을 추며, 재즈가 흐르는 카페에서 담소를 나누고 근대적 사랑을 속삭이는 도시 경성이다.

따라서 '경성시대' 신드롬은 심상과 시각성에 치우친 경성의 일면을 동경하고 거기서 낭만을 찾고자 하는 오늘날의 욕망이 '일제 식민지 시대의 경성'이라는 표현 대신 '경성시대'라는, 학술적으로는 성립되지 않는 우회적 표현으로 나타난 것이라 볼 수 있다. '경성시대'나 '모던보이 모던걸'의 낭만에 열광하는 현상의 이면에는 '신문물의 도입과 근대로의 이행'이라는

---

41 송효정, 「모던 경성(京城)과 감각의 공간」, 『한국문예비평연구』 29권 0호, 2009, 293~320쪽, 296쪽.

42 모던보이와 모던걸은 1920년대 식민지 경성의 도시공간에 나타난 새로운 스타일의 남녀 소비 주체를 지칭하는 담론이다. 이들은 주로 소비와 향락의 일상 공간인 남촌을 중심으로 활동하였다. 이 용어는 1927년 본격적으로 등장했는데, 모던걸, 모던보이의 등장은 새로운 세대의 등장으로인한 사회적 현상으로 재해석되고 있다. 이들은 의상, 두발, 언어, 의식 등을 통해 자신의 정체성을 드러내고 하위문화로서 새로운 유행을 선도했다고 볼 수 있다.

테제에 휩쓸려간 식민지 조선의 암울한 실상이 가려져 있는 것이다. 결국 '경성시대'라는 키워드를 통한 문화소비의 본질은 식민 조선의 근대성의 일부만을 드러내는 '경성'이라는 만능의 수사를 통해 일제 식민지 시기가 상업적 역사소비의 대상으로 활용되고 있는 현실인 것이다.

영화나 드라마 등을 통해 '경성'의 낭만이 남긴 감흥은 자연스럽게 극 중 삽입되었던 음악이나 경성의 카페, 댄스홀에서 흘러나왔을 법한 음악을 찾아 즐기는 문화로 이어졌다. 앞서 살핀 바와 같이 '경성시대'라는 표현에는 논란의 여지가 있으나 일단 그것이 가리키는 시기는 어느 정도 자명해 보인다. 따라서 '경성시대 음악'이라고 한다면 일제 식민지 시기와 이를 전후한 가까운 시기까지로 대략 경계 지을 수 있겠다. 또 당시 경성의 문화적 양상 중 앞서 살핀 '경성시대'라는 대중문화 코드가 지향하는 바로 미루어 '경성시대 음악'은 경성시대라고 불리는 역사적 시기에 존재하던 다양한 음악 전체를 지칭한다기보다 당시 소비되던 음악 중 외래문화로 유입된 서구식 음악으로 가정해야 마땅하다. 즉 '모던 세대'가 신문물로 즐긴 서구식 카페나 댄스홀에서 흘러나왔을 음악이다. 그리고 이러한 음악은 곧 당시 유행하던 서양에서 그대로 가져온 재즈 음악이나 '재즈송'이라는 범주로 범위를 좁힐 수 있다.[43]

---

43 재즈송은 당대 서양, 특히 미국에서 유행하던 대중음악의 영향을 받아

유튜브에서 '경성시대 음악'으로 검색하면 '[ASMR Mr. Sunshine] 미스터 선샤인 글로리빈관(경성음악 ver.)', '경성카페 노래', '경성의 카페 오디오 노래' 등의 제목으로 게시된 플레이리스트 영상이나 '재생목록'들이 다수 발견된다. 여기서 다룰 '경성시대 추천곡' 재생목록은 플레이리스트 콘텐츠로 검색 결과의 첫 페이지 최상단에 노출되는 영상 중의 하나다.

'경성시대 추천곡' 플레이리스트에서 '모든 재생목록 보기'를 선택하였을 때 보이는 페이지에서는 오른편에 해당 재생목록을 이루고 있는 영상들의 목록과 정보를 보여준다. '경성시대 추천곡' 플레이리스트는 11개의 영상으로 이루어져 있었으나 그중에 세 개가 '삭제된 동영상'으로 누락되어 8개의 영상만으로 구성된 상태이다.

그런데 이 '경성시대 추천곡'의 재생목록을 구성하고 있는 곡들의 성격을 살펴보면 경성시대라는 설정과 전혀 맞지 않는 곡들이 포함되어 있는 것을 발견할 수 있다. 목록에서 10번째 한고은의 〈희망가〉와 11번째 천우희의 〈조선의 마음〉은 모두 경성을 배경으로 한 드라마와 영화의 OST이며, 첫 영상으로

만들어진 일련의 노래를 말한다. 1920년대 말에는 이미 재즈 음악 소비가 도시를 중심으로 만연하였고 모던 세대 사이에서는 재즈 밴드 공연이 유행하였다. 이러한 재즈송의 제목이나 노랫말에 빈번히 사용된 영어 표현은 이국적 정취를 좇는 당대의 열망이 드러내고 있으며 가사는 주로 향락적인 내용을 많이 담았다.

선곡된 김예림의 〈Rain〉은 정확히 1920~30년대풍은 아니지만 잔잔한 옛 재즈 스타일을 추구하고 있고 뮤직비디오를 구성하고 있는 시각적 풍광과 묘사가 어느 정도 수긍할 수 있는 범위에 있다. 그런데 영화 〈쎄시봉〉 OST의 수록곡 3곡과 〈수상한 그녀〉 OST의 수록곡인 심은경의 〈나성에 가면〉과 〈빗물〉은 '경성시대'와 전혀 상관이 없는 음악들이다. 이 곡들은 단지 옛 가요일 뿐 지칭하는 시기가 경성시대와는 전혀 맞지 않는 1970~90년대 작품들이다.

앞서 살핀 것처럼 '경성시대'라는 용어가 식민지 시대의 암울한 이면을 가리는 상업적 역사 소비의 결과물이며 왜곡된 역사인식을 담고 있는 상황에서 이러한 콘텐츠들이 1920~30년대 음악과 70년대 90년대 음악을 뒤섞어버림으로써 한 번 더 잘못된 정보를 제공하고 있다는 점은 문제라고 할 수 있다. 그리고 이 콘텐츠가 '경성시대' 혹은 '경성시대 음악'이라는 키워드 검색 시 상위 5개 안에 드는 대표 콘텐츠로 검색된다는 사실은 경성시대, 즉 식민지 시대에 대한 인식은 물론 대중음악사에 대한 잘못된 정보가 많은 사람들에게 지속적으로 유포되고 있음을 알려준다. 한 향유자의 무관심이나 부주의함 속에 잘못된 선별과 큐레이션으로 만들어진 콘텐츠는 복고 코드를 활용하려는 상업주의가 추동한 식민 시대에 대한 왜곡된 기억을 재생산하는 데 일조하고 대중음악사에 대한 기억 역시 호도하고 있는 것이다.

지극히 '사용자 위주(user friendly)'의 공간인 유튜브에서 정보
는 세밀한 분석, 해석을 위한 전문가적 검증은 물론 신뢰성에
대한 의무로부터 자유롭다. 이처럼 유튜브에서의 정보 선별과
정에서 기본적인 사실관계나 검증 오류에 대한 부분이 더욱 문
제적 결과를 초래하는 것은 유튜브의 정보 노출이 조회수나 키
워드, 구독자 수의 논리에 의해 결정되는 검색 시스템에 기반
하기 때문이다. 달리 말하면 오직 화제성이나 재미, 검색어의
일치 여부에 의한 논리가 시청자의 주의력 쟁탈에 대한 권력을
부여하는 기준이 되며 여기서 객관적 사실이나 진실은 중요하
게 다루어질 여지가 없다는 것이다. 앞서 살핀 소셜미디어로서
유튜브에서의 인포메이션 캐스케이드 현상은 이러한 상황을
부추긴다. 거기다 안타깝게도 이 경성시대 추천곡 플레이리스
트에서 게시자는 물론 댓글 중에도 리스트 자료가 주제에 관련
하여 사실관계가 맞지 않다는 문제 제기를 하는 댓글은 보이지
않는다. 즉 이 게시물의 공간에서 에를이 말한 기억 미디어로
서 인터넷의 '자기 성찰성'은 발휘되지 않고 있는 것이다. 이것
은 아마도 게시자와 주 시청자가 모두 1970년대 쎄시봉을 중
심으로 한 포크 문화 등에 대해 관심은 물론 직접경험이나 사
전지식이 없는 젊은 세대일 가능성이 크기 때문일 것으로 추정
되며 그들에게 이 정보의 사실관계 여부는 중요한 문제가 아닌
것처럼 보인다.

요컨대 경성시대 추천곡 플레이리스트 사례는 근본적으로 상

업적 역사 소비에 기댄 기억산업이 탈맥락화, 대상화하여 상품
경제로 물신화시킨 과거에 대한 여과 없는 소비와 그에 대한 확
대·재생산이 빚어낸 결과물이라 할 수 있다. 주로 시각적으로
만 심상화한 과거 — 경성시대에 대한 선택적 기억은 어두운 이
면의 역사를 망각하게 하며, 이 왜곡된 과거 인식에 기반한 기
억의 재구성 과정에서 정보의 무책임한 선별과 큐레이션은 대
중음악사에 대한 기억마저 흔들어놓을 여지를 제공하고 있다.

3. 피처링과 재인식

피처링(featuring)은 주로 대중음악 분야에서 다른 음악가의 음
악에 노래나 연주로 참여하여 도와주는 것을 가리키는 의미로
쓰이기 시작한 용어이다. 최초의 피처링 작업이 이루어진 것
은 1950년대라고 하나 2000년대에 이르러서야 비로소 성행하
기 시작하였으며 이제는 대중음악 분야를 넘어 일종의 '도움출
연'을 의미하는 모든 상황에서 비유적으로 광범위하게 쓰이고
있다. 이렇게 볼 때 결국 피처링이란 어떤 목적을 달성하기 위
해 다른 주체나 대상을 호출, 소환하여 보조하는 방식을 두루
칭할 수 있는 용어라고 볼 수 있다.
　이 글에서 제시하고자 하는 문화기억의 구성 방식으로서 '피
처링과 재인식'에서 피처링은 다음의 경우를 의미한다. 일차

적으로 그것은 연원이 되었던 음악계에서의 용례에 비교적 충
실히 부합하는 방식, 곧 '도움출연자'를 영상에 등장시킴으로
써 기억 대상에 대한 새로운 인식으로 유도하는 경우다. 물론
모든 기억의 소환 과정이 결국 언제나 재구성적인 것처럼 이때
의 인식은 대상에 대해 다시 인식하게 되는 재인식이다. 다음
으로 이 피처링의 의미를 보다 비유적으로 확장하고자 하는데,
그것을 비교와 대조의 견주기 대상이 되는 영상 자료의 대동－
피처링까지로 넓히는 것이다.

정보의 복제와 가공이 용이한 디지털 환경을 감안할 때 메시
지의 효과적인 전달을 위해 기존 영상 자료를 끌어와 이야기를
풀어가는 제작 방식이 빈번히 활용되는 것은 지극히 자연스러
운 결과다. 요컨대 피처링과 재인식의 방식에서 피처링된 객체
는 주로 사람일 수도 혹은 대동된 다른 영상일 수도 있다. 피처
링을 통해 콘텐츠에서 다루는 대상에 대해 새로운 인식－기억
을 갖게 되는 경우는 물론, 기존의 기억을 또 다른 증거들로 보
완함으로써 지지·강화해주는 것 모두를 포함하여 넓은 의미
의 재인식에 포함하였다. 이때의 확장, 보강된 기억의 모습 역
시 그 미세한 변화로 인해 이전과는 똑같지 않은 것이기 때문
이다.

피처링과 재인식의 사례들은 주로 세 가지 대중음악 콘텐츠
유형에서 찾아볼 수 있다. 먼저 리액션 영상은 영상 속 감상 대
상에 대한 반응을 보일 사람, 즉 리액셔너(reactioner)를 피처링시

킨다. 이 경우 게시자가 섭외한 타인들만이 리액셔너이기도 하고, 게시자 본인이 리액셔너의 일부로 포함되어 있는 경우, 그리고 게시자 자신만을 리액셔너로 등장시키는 경우 등이 존재한다. 특히 자기 자신을 리액셔너로 출연시키는 경우 역시 시청자의 입장에서 게시자가 스스로를 리액셔닝 관찰의 대상으로 타자화시켰다는 점에서 피처링된 게스트라 볼 수 있다. 한편 앞서 언급한 바와 같이 일종의 팬덤문화의 일부로 자리 잡은 유튜브 리액션 영상에서는 암묵적 전제가 있다. 영상 속 리액션 대상을 처음 감상한다는 설정이 바로 그것이다. 따라서 비록 대부분의 리액션의 방향과 결과는 감상 대상의 미덕을 칭송하는 쪽으로 이미 정해져 있지만, 시청자가 피처링된 리액셔너의 반응 과정을 직접 함께하는 것으로부터 형성된 공감대는 영상 속 감상 대상에 대한 기존의 집단기억을 전승하며 나아가 리액셔너들의 다양한 문화, 사회적 배경에 따른 반응을 통해 감상 대상에 대한 기억이 확대·강화하는 쪽으로 재인식된다.

다음으로는 뮤직비디오나 가사에 대한 해석 영상을 피처링과 재인식의 관점에서 바라볼 수 있다. 이 경우에 피처링의 형태는 해석 대상의 의미 구체화를 위해 또 다른 기억을 소환해 견주기 하는 방식이다. 리액션 영상의 경우 도움을 줄 사람을 피처링시킨 것이라면 이 경우는 의미를 밝히려는 대상과 견주기할 다른 지식이나 기억을 피처링시킨 것이다. 보리스 그로이스(Boris Groys)는 아카이브에 비축된 것, 즉 저장기억의 잠재적 가능성에 대하여 "모든 새로운 사건은 그때까지 아무것과도 비교되지 않았던 새로운 비교의 실행이다. 그 이유는 아무도 이 비교를 전에는 인식하지 못했기 때문이다. 문화기억은 이러한 비교에 대한 기억이고…(후략)…."[44]라고 언급한다.

알라이다 아스만에 의하면 그로이스의 이 논의는 특히 새로운 예술작품의 차별성과 혁신성 판별을 위한 비교의 토대로서 아카이브의 속성을 이야기한 것이라고는 하나, 이를 문화기억의 구성 전반에 적용해도 무리가 없어 보인다. 어떤 대상의 본질에 대한 인식은 다른 대상과의 견주기를 통해, 즉 유사점과 차이점에 의해 관계 속에서 그 위치를 밝혀낼 때 비로소 구체화될 수 있다. 즉, 동질성과 이질성을 밝히는 과정은 사물의 속성을 보다 선명하게 드러나게 할 수 있으며, 이는 대상에 대한 이해를 돕기도 하지만 원래 알고 있던 대상에 대한 새로운 관점을 제공함으로써 그것을 다시 인식하게 만들기도 한다. 따라서 이 유형에서 해석의 대상인 뮤직비디오나 음악은 레퍼런스의 성격으로 피처링된 다른 지식, 기억과의 견주기를 통해 새로운 의미를 획득하거나 새로운 문화기억을 구성할 수 있다.

마지막으로 피처링과 재인식의 방식은 기획보도 유형의 일

---

44 Boris Groys, *Über das Neue: Versuch einer Kulturökonomie*, Fischer-Taschenbuch-Verlag, 1999. p.179. 알라이다 아스만, 『기억의 공간』, 477쪽에서 재인용.

부에서 나타난다. 여기서 피처링과 재인식이 발생하는 구조는 종종 앞선 해석 영상의 경우와 동일하다. 영상의 메시지를 전달하기 위한 보조적 장치로 다른 지식과 기억을 피처링시킨다. 소환된 지식과 기억들은 역시 비교와 대조의 과정을 통해 대상의 의미를 재인식하도록 도와준다. 다만 비록 이 유형이 전체 콘텐츠에서 차지하는 비율은 매우 적은 편이지만 다른 영상 유형들이 이미 어느 정도 형식과 내용의 방향이 정형화되어 있다면 이러한 유형에서는 게시자가 메시지 전달을 위해 가장 자유롭고 다양한 주제 설정과 내용 구성 방식을 활용한다는 점에서, 주목할 만한 문화기억의 구성, 특히 재구성의 사례들이 발견된다.

1) 양준일의 〈크레용〉?

인간의 모든 흔적을 무차별적으로 저장하려는 유튜브 덕에 과거를 소비하는 21세기 이래의 레트로 성향은 더 짙어졌다. 방송사들은 유튜브에 따로 채널을 만들고 자신들의 방송 자료를 방출하기 시작했으며 오늘날 유튜브 콘텐츠의 상당 부분을 차지하고 있는 것이 주류 방송사의 이 오락물로부터 발췌된 것들이다. 그리고 이로부터 온라인 탑골공원이라는 새로운 인터넷 문화가 생겨났음을 앞서 살펴보았다.

가수 양준일은 이러한 유튜브 문화를 통해 다시 주목받게

된 가장 대표적인 사례다. 양준일은 1990년 데뷔해 1992년까지 두 장의 앨범을 내고 활동하였으며 한동안 모습을 볼 수 없었다가 2001년 다시 잠깐 활동하고 가요계에서 사라졌던 미국 교포 출신의 가수이다. 그런데 유튜브에서 옛 방송 자료를 뒤적여 재밋거리를 찾는 문화가 늘어나던 가운데 양준일의 과거 모습이 누리꾼들에게 화제가 되었다. 그의 스타일과 음악, 무대 퍼포먼스가 시대를 앞서간 것이었다는 평을 받으며 젊은 세대들에게 '시간여행자'라는 수식어가 붙게 된 것이다.[45] 그리고 그를 칭하는 또 하나의 수식어는 '90년대 GD'라는 것이었는데 젊은 시절 그의 외모가 21세기의 가수 빅뱅의 멤버 GD(지드래곤)과 매우 흡사했을 뿐 아니라 남다른 패션 감각에 있어서도 두 사람의 공통점이 있었기 때문이다. 이후 방송사가 아닌 일반인들의 '온라인 탑골공원'류의 유튜브 채널들에서는 방송사 채널에 올라온 양준일 자료를 재활용한 콘텐츠가 다양하게 재생산되었고 이런 관심이 SNS등을 통해 퍼져 나가며 온라인상에서 이슈가 되었다. 이에 과거의 가수를 소환하는 방송 중 하나인 JTBC 〈슈가맨 3〉에서 이러한 흐름을 포착하고 미국에서 평범한 생활을 하고 있던 양준일을 섭외하였으며 이 방송 출연

---

45 이유진, 「대중이 스타를 만드는 시대…송가인부터 양준일까지」, 『스포츠경향』, 2019.12.16. http://sports.khan.co.kr/entertainment/sk_index.html?art_id=2019 12161728003&sec_id=540101&pt=nv(2020년 11월 4일 검색)

을 계기로 이른바 2019년의 양준일 신드롬은 본격적으로 시작되었다.

젊은 시절 양준일의 패셔너블한 사진과 이를 설명하는 '90년대 GD'라는 짧은 문구는 넘쳐나는 콘텐츠 속에서 사람들의 호기심을 자극하는 데 성공했다. 그리고 새로운 흥밋거리를 발견한 유튜브 향유자들은 이를 소재로 다양한 콘텐츠를 만들어내기 시작했는데 가장 대표적인 방식은 두 사람의 공연 영상을 매시업[46]하거나 교차 편집하여 두 사람 사이의 경계를 허무는 작업이었다.

'크레용—지디&양준일(댄스위드미 아가씨 Ver)' 영상은 이를 보여주는 가장 대표적인 사례이다. 영상은 먼저 양준일과 GD의 어릴 적 사진부터 젊은 시절의 모습, 무대 모습 등을 담은 사진을 나란히 배치해 보여준다. 이것은 양준일의 화제성이 이미 주류 미디어에 옮겨간 이후 한 연예 정보 프로그램에서 양준일을 다룬 것을 발췌, 인용한 것이다. 그리고 이어지는 장면은 양준일의 90년대 활동 당시 가요 프로그램에서의 퍼포먼스 화면

---

46 원래 서로 다른 곡을 조합하여 새로운 곡을 만들어내는 것을 의미하는 음악용어이지만 IT(정보기술) 분야에서는 웹상에서 웹서비스 업체들이 제공하는 다양한 정보(콘텐츠)와 서비스를 혼합하여 새로운 서비스를 개발하는 것을 의미한다. 즉 서로 다른 웹사이트의 콘텐츠를 조합하여 새로운 차원의 콘텐츠와 서비스를 창출하는 것을 말한다. [네이버 지식백과] 매시업[Mashup](두산백과) https://terms.naver.com/entry.nhn?docId=1346266&cid=40942&categoryId=32854(2020년 11월 4일 검색)

에 GD의 노래인 〈크레용(Crayon)〉의 오디오를 입힌 매시업 영상이다.

이러한 콘텐츠들을 통해 90년대의 양준일은 2010년대의 어느 가수로 재탄생한다. 타임라인을 헤집어놓는 유튜브 향유자들의 문화적 실천은 약 30년 전 가수의 기억에 오늘의 가수의 기억을 뒤섞음으로서 양준일에게 탈시공간의 능력을 부여한다. 사이버 공간에서 조물주인 향유자들에 의해 양준일은 그야말로 시간여행자가 되며 여기서 그의 타임머신은 물론 유튜브이다. 그리고 이 시간여행을 매끄럽게 가능하게 했던 것은 90년대 당시보다 오히려 지금 더 잘 어울려 보이는 그의 스타일과 퍼포먼스이다. GD의 음악이 피처링된 양준일의 퍼포먼스, 혹은 양준일의 퍼포먼스가 피처링된 GD의 음악은 두 사람을 오버랩시키며 하나의 인물로 탄생시킨다.

이제 양준일에 대한 우리 사회의 기억은 재구성된다. 양준일은 더 이상 90년대 초 당시 일부 대중의 기억 속에 잠깐 남았다 사그라진 그 가수가 아니다. 서태지나 듀스보다 먼저 당시 미국에서 유행하던 뉴 잭 스윙(new jack swing)이라는 장르를 이 땅에 들려주었고,[47] 당대의 가수들과 차별화되는 미소년 같은 얼

---

47 뉴 잭 스윙 풍의 노래인 〈리베카〉가 수록된 양준일의 첫 앨범은 1990년 발매되었다. 이후 서태지의 첫 앨범은 1991년, 듀스의 첫 앨범은 1993년에 발매되었다.

굴에 가늘고 긴 체형, 화려한 색감과 중성적인 스타일 그리고 자유분방한 퍼포먼스는 지금의 아이돌 문화에 익숙한 대중에 게 오히려 친숙하게 받아들여짐으로써 이제 양준일은 '시대를 앞섰던' 아티스트로 재평가받는다. 따라서 현재의 관점에서 한국 사회의 양준일에 대한 기존의 기억은 잘못된 것으로 부정되고 새로운 기억이 자리하게 된다. 90년대가 그를 기억하지 못했던 것은 그가 시대에 부합하지 못했기 때문이 아니라 시대가 그를 알아보지 못했기 때문이라는 것이다. 기억은 언제나 의지적으로 구성되며 따라서 언제나 현재가 옳다. 사회는 지금의 자신이 지향하는 가치에 부합하는 것만을 기억하고자 하기 때문이다. 이제 양준일은 망각의 대상에서 기억해야 할 대상으로 바뀌었다. 유튜브의 저장기억으로 파편화되어 있던 그와 그의 음악에 대한 기억은 오늘의 가치 기준에 부합한 것으로 재인식되어 새로운 문화기억으로 활성화되었다. 그리고 이 모든 변화의 시작은 그의 모습에서 GD를 떠올린 한 유튜브 향유자의 기억 매칭 놀이이다.

양준일에 대한 재평가는 90년대 한국 대중음악사에 대한 사회의 기억도 흔들어놓는다. 만약 정말로 그를 '시대를 앞서간 천재'라고 칭해야 한다면 양준일이 단 한 줄도 언급되지 않는 기존의 90년대 한국 대중음악사에 관한 서술들은 잘못된 것이라는 결론에 도달하기 때문이다. 그런데 한 가수의 작품이나 무대가 미적으로 뛰어났다거나 뒤따를 후대의 경향을 한 발 앞서 선보였다는 이유만으로 역사에 기록될 수는 없다. 오히려 그의 그런 모습이 한 시대의 경향을 주도하거나 흐름을 바꾸어 놓는 데 큰 영향을 주었다면 역사는 그를 기억하고자 할 것이다. 역사는 공시적 사건의 통시적 의미를 규정하는 데에 더 몰두하기 때문이다.

따라서 양준일 신드롬에서 주목해야 할 점은 응당 그의 이름을 올리는 것으로 90년대 대중음악사가 수정되어야 한다는 것이 아니라 최소한 90년대 대중음악사를 다른 관점에서 되돌아볼 문제의식을 제공한다는 점이다. 그리고 바로 이러한 측면에서 문화기억은 주류 역사의 기억에 대한 대안적 과거 해석자로서 개인들을 참여시키는 역할을 수행한다.

양준일은 지금 서태지나 듀스 등이 문을 연 것으로 기억되는 90년대 뉴 잭 스윙을 한 발 먼저 선보였음에도 공식 대중가요사의 지배적 기술 논리에 의해서는 배제되고 망각되었다. 즉 앨범 판매량과 차트에서의 순위 위주로 기억하는 공식 대중음악사의 기술 방식은 양준일과 같은 가수가 보여주는 전위성이나 다양성의 측면을 담아내지 못한 것이다. 더불어 방송 인터뷰를 통해 그가 당대에 받아들여지지 못한 것이 90년대 한국 사회의 편견이나 경직성, 폐쇄성이 크게 작용했던 것임이 알려짐으로써[48] 90년대 우리 사회에 대한 자성의 담론을 촉구하는

---

48 JTBC 〈슈가맨 3〉 2회(2019년 12월 6일) 방송에서의 양준일 인터뷰 중.

계기를 제공했으며 이에 양준일은 시대를 앞서간 '비운'의 스타로 규정된다.

한국 사회의 보수성과 차별이 한 재능 있는 아티스트를 내몰았고 그로 인해 미국으로 돌아가 식당 서빙을 하며 살아왔다는 그의 인생 서사, 그리고 그럼에도 다시 자신을 불러준 고국에 감사해하며 겸손해하는 그의 모습은 우리 사회로 하여금 후회와 반성을 품은 보상심리로 그를 더 치켜세우게 하였다. 이로써 유튜브에서 단편적으로 쌓여 있던 그와 그의 음악에 대한 저장기억은 이제 명백히 '현재와 살아 있는 관계를 유지하고 있는' 기억으로 바뀌어 선택적, 의지적, 목적지향의 기능기억으로 활성화된다.

따라서 현재적 관점에서 재구성된 양준일에 대한 문화기억은 그를 공식 역사에 편입시킬 것을 촉구한다기보다는 최소한 대안적인 90년대 음악사 서술을 가정했을 때 그를 의미 있게 위치시킬 근거를 제공하며, 이러한 점에서 공식 역사를 보충하거나 대안적, 저항적 역사 서술의 가능성을 제시하는 대중기억의 논의와 연관된다. 즉 한국 대중음악사를 다른 맥락과 관점에서 검토하는 작업을 행한다면 하나의 고정된 합명제로 존재하는 현재의 역사는 다양한 이견을 품은 이러한 기억들로부터 도전을 받을 것이며, 이러한 기억들 또한 사회적 인정을 받을 권한을 주장하고 나선다는 측면에서 과거에 대한 해석자로서 '역사'에 대항하는 '기억'의 의미를 상기시켜준다. 그리고 이것은 프로슈머인 향유자들의 피처링과 재인식하기를 통한 과거의 재해석, 이에 대한 댓글·채팅·공유에 의한 소통과 담론형성을 통한 집단적 기억으로의 수렴이라는 유튜브에서의 기억 구성 과정을 통해 가능한 것이었음을 확인한다.

2) 서태지와 아이들의 〈난 알아요〉

1991년 서태지와 아이들이 〈난 알아요〉를 들고 등장함으로써 한국 대중가요사는 그 이전과 이후로 나뉘게 될 정도로 서태지의 음악과 그가 가져온 변화는 가요사에서 많은 의미를 부여받고 있다. 음악과 패션은 물론 신세대 담론에 대한 논의 촉발 등 그가 일으킨 변화는 문화혁명이라 불렸고 서태지는 문화대통령이라는 칭호를 얻었다.

그러나 서태지와 아이들 시절에는 물론 솔로로 독립한 이후에도 서태지의 주요 작품들에는 표절 논란이 항상 따라다녔다. 하지만 표절에 대한 사회적 인식 부족과 당시 논란이 되었던 샘플링과 표절 간의 차이 등 관련 정보의 부족, 또 표절 대상으로 지목된 원곡에 대한 대중의 접근 제약 등 여러 가지 이유로 언제나 논란으로만 그쳤다. 인터넷이 상용화된 이후에 표절을 주장하는 이들은 주로 개인 블로그 등의 공간을 통해 그의 음악이 표절이라는 근거를 제시하며 논리를 펴왔다. 그리고 이들과 서태지의 팬들을 비롯한 '표절 무죄'를 주장하는 이들 사이에는 오래된 공방과 비방의 역사가 이어져왔다. 그리고 이제 이 공방은 유튜브로 자리를 옮겼다.

유튜브에서 '서태지 표절'을 검색하면 수십 개의 관련 영상을 볼 수 있고, '서태지'로만 검색해도 검색 결과의 상위 30개 안에 표절 관련 영상이 4개나 포함된다. 동영상 플랫폼으로서 유튜브는 표절 주장을 뒷받침할 콘텐츠 제작에 더 효과적인 환경을 제공한다. 서태지의 음악과 원곡이라 추정되는 음악 자료들은 이미 대부분 유튜브에 존재한다. 그리고 표절을 판정하기 위한 가장 좋은 방법은 물론 두 곡을 비교해서 들어보는 것이다. 따라서 서태지의 표절을 주장하는 이들은, 그들이 원곡이라 주장하는 노래를 서태지와 아이들의 음악에 피처링시키는 방법으로 두 곡의 유사성 증명을 시도한다. 이들은 대부분 서태지와 아이들의 음악과 원곡 추정곡을 번갈아 들려주며 음악적 설명을 곁들인다. 이제 정보 공유로 인한 전문적 지식의 습득과 영상 편집 기술 등의 보편화 덕분에 이러한 표절 확인 작업이 일반 향유자들에 의해서도 손쉽게 가능해지게 된 것이다. 영상들은 〈난 알아요〉, 〈컴백홈〉, 〈교실 이데아〉, 〈하여가〉 등 그의 주요 작품들에 대한 표절 의혹을 제기한다. 그리고 지난한 공방 때문인지 게시물에 대한 댓글은 사용이 중지된 경우가 종종 있다.

서태지의 표절을 주장하는 이러한 다수의 영상들의 축적으로 인한 소통적 기억들의 아카이빙은 서태지에 대한 우리 사회의 기억의 재구성을 주장한다. 최소한 이 반복적이고 지속적인 의문 제기로 인해 서태지에 대한 우리 사회의 기억이 이전과 똑같다고는 할 수 없기 때문이다. 그리고 2010년대 들어 인터뷰에서 표절 논란과 관련하여 "가요계의 최초의 (장르) 수입업자 정도로 봐주면 감사하다"[49]라고 전하는 그의 언사는 자신의 음악의 독창성에 대한 스스로의 인식을 드러내준다는 점에서 참고할 만하다.

물론 이 사례에서 서태지의 음악이 표절이냐 아니냐의 진위 여부보다 중요한 것은 서태지와 그의 음악을 바라보는 우리 사회의 변화한 가치규범이나 관점에 따라 그에 대한 문화기억의 수정 요구가 제기되고 있다는 점이다. 그의 음악에서 특히 높은 가치를 부여받았던 부분들이 그의 말대로 법적 표절은 아닐지언정 단지 샘플링이나 창법 따라하기, 혹은 남들보다 먼저 한국에 들여왔기에 성취 가능했던 것이라면 지금의 우리 사회는 그에게 과거와 똑같은 평가를 내릴 수만은 없기 때문이다. 당시의 지식과 문화적 배경에서 우리 사회의 합의가 서태지의 음악을 칭송받아 마땅한 것으로 인식하고 기억하도록 했다면 오늘의 지식과 가치규범에서는 그에 대한 기억의 재구성이 요청되는 것이다. 그리고 만약 서태지 음악의 표절을 주장

---

49 이성희, 「컴백 서태지 "문화대통령? 장르 수입업자 정도로 봐주면…"」, 『폴리뉴스』, 2014.10.20. http://www.polinews.co.kr/news/article.html?no=217409(2020년 11월 13일 검색)

하는 이들의 주장이 근거 없는 것이 아니라면 이는 동시에 서태지의 음악이 야기한 우리 대중음악사와 문화에 대한 서술 역시 재구성되어야 함을 의미한다. 이것은 그의 음악으로 물든 90년대에 대한 공통의 경험 공유 집단으로서 기억을 공유하는 우리 사회 구성원들의 정체성 역시 흔들어놓기 때문이다. 서태지에 대한 문화기억의 재구성을 주장하는 이들의 이러한 실천들은 결국 공식 대중음악사에 대한 대항기억의 증언들이 될 수 있다.

3) 블랙핑크의 〈아이스크림〉

최근 10년간 K-pop의 해외 진출이 활발해지면서 K-pop에 대한 리액션 영상 문화도 다양해지고 왕성해졌다. 특히 K-pop 팬들에게는 서구 영미권 중심의 팝 시장에서 아시아의 한국이라는 나라의 음악이 서구 수용자들에게 어떻게 인식되고 있는가가 주된 관심사이기에 리액션 영상의 유형도 이러한 내용을 담고 있는 경우가 많다.

살펴보려는 사례는 2010년대 중반 이후 한국뿐만 아니라 글로벌 시장에서 BTS와 함께 많은 호응을 받고 있는 아이돌 그룹 블랙핑크(Blackpink)의 〈아이스크림(ice cream)〉이라는 곡에 대한 리액션 영상이다. 영상은 〈아이스크림〉 뮤직비디오에 대한 반응을 살피기 위해 음악산업 분야의 전문가들을 리액셔너로 피처링시킨다. 뮤직비디오 편집자, 보컬 트레이너, 프로듀서, 가수인 이들은 각자 전문가로서 노래와 뮤직비디오에 대한 리액션을 보여준다.

전문가는 관련 분야에 대한 지식과 경험에 있어 우위를 지닌 사람들이다. 따라서 사람들은 전문가의 코멘트에 신뢰를 보인다. 비록 그것이 일반인이 말한 내용과 똑같은 것일지라도 그것을 말한 사람이 전문가임을 인지하는 순간 수용자는 더 설득력 있다고 받아들인다. 스탠리 밀그램(Stanley Milgram)의 유명한 '권위에의 복종' 실험[50]을 상기하지 않아도 사람들이 권위자·전문가의 말을 더 믿을 가능성이 크다는 점은 자명하다. 게다가 결국 주관적인 비평의 영역에 속하는 일종의 '영상 형태의 리뷰'라 할 수 있는 리액션 영상은 리뷰어의 표정과 말투를 직접 보고 들을 수 있다는 점에서 지면을 통한 전통적인 리뷰보다 강력한 효과를 발휘한다.

리액셔너들은 전문가로서 노래가 얼마나 잘 짜였는지, 뮤직비디오의 만듦새가 얼마나 훌륭한지, 보컬 퍼포먼스가 얼마나 뛰어난지 등을 늘어놓는다. 그리고 이를 통해 시청자들은 자신이 미처 감지하지 못했던 것을 깨닫게 되거나 리액셔너의 시각

---

[50] 사회적으로 영향력 있는 인사나 권위자가 다른 이의 사실에 대한 판단은 물론 도덕적 판단에도 영향을 미친다는 사실을 보여준 예일대학교 교수 스탠리 밀그램의 실험. 유승호, 『당신은 소셜한가─소셜 미디어가 바꾸는 인류의 풍경』(e북), 삼성경제연구소, 2012, 25쪽.

을 빌려 또 다른 방식으로 작품을 이해하게 된다. 그저 그렇다고 생각했던 부분도 전문가의 논리와 권위에 의해 '좋은 것'으로 재인식되고 자신이 느끼고 알고 있던 내용도 전문가의 입을 통해 들음으로써 확신을 얻는다. 따라서 리액션 영상의 시청은 작품에 대한 정보–지식의 확장을 통해 관련 기억을 강화하며 여기서 리액셔너가 전문가인 경우 그 효과는 배가된다. 특히 대부분의 리액션 영상이 팬덤문화의 일종으로 생산, 유통되며 네거티브 방식은 취하지 않는 경우가 많기 때문에 다양한 사람들의 리액션 영상을 반복 시청할수록 작품에 대한 지식과 기억은 점점 더 확장되고 단단해진다.

4) BTS의 〈피 땀 눈물〉 뮤직비디오

현재의 한국 '아이돌 문화'는 비록 그것이 일본의 아이돌 문화에서 빌려온 것으로부터 출발했지만 여기에 한국적 특색을 더하고 일본과는 다르게 서구의 흑인음악적 요소를 적극적으로 수용, 자기화함으로써 오늘날 한국만의 차별화된 대중음악 문화로서 K–pop의 색을 규정하는 중요한 부분을 차지하고 있다. 이제 25년 이상의 역사를 지나온 아이돌 문화의 양적·질적 성장은 보다 다양한 즐길거리와 하위문화의 형성, 그리고 음악을 비롯한 뮤직비디오, 퍼포먼스 등 모든 면에서 높아진 콘텐츠의 완성도로 나타난다. 이 가운데 최근 아이돌 산업 쪽에서는 보다 밀도 있는 스토리나 해석의 가능성을 더 넓게 열어줄 여러 장치들을 사용하여 뮤직비디오를 구성하고 있다. 즉 그것은 아이돌의 세계관이나 앨범이 표상하는 주제의식을 추론할 수 있는 다양한 상징이나 기호를 의도적으로 심어놓는 등의 방식이며 이는 팬들이 즐길 수 있는 풍성한 하위문화 생산을 유도하고 있다. 그리고 이 문화의 일부로 유튜브에서는 뮤직비디오나 곡의 가사에 숨겨진 의미를 해석해주는 유튜버들이 생겨나게 되었다.

여기서 살펴볼 사례는 BTS의 〈피 땀 눈물〉 뮤직비디오 해석 영상이다. BTS의 소속사에서는 발매 전 앨범의 주제와 관련이 있는 힌트들을 공개하곤 하는데 〈피 땀 눈물〉이 수록된 2016년 〈윙스(Wings)〉 앨범 발매 시에는 헤르만 헤세(Hermann Hesse)의 소설 『데미안』을 제시하였다. 또 선공개 된 7편의 쇼트 필름에서도 『데미안』의 구절이나 소재들이 활용되어 앨범이 『데미안』의 모티프를 차용하고 있음을 알 수 있다. 그러나 이러한 정보는 BTS의 팬들 사이에서만 공유되는 정보이며 설사 이 사실을 안 상태로 뮤직비디오를 시청한다 하더라도 일반적인 형태의 뮤직비디오 감상만으론 뮤직비디오가 특별한 기호적 장치들로 구성되어 있다는 사실을 파악하기는 힘들다. 오직 후반부에 음악이 잠시 멈추고 등장하는 내레이션의 구절 정도가 『데미안』을 기억하는 독자들에 의해 눈에 띌 정도이다.

이 글에서는 뮤직비디오의 해석자로 활동하고 있는 '수다쟁이

쭌'이라는 유튜버의 〈피 땀 눈물〉 뮤직비디오 해석 사례를 통해 이러한 해석 영상들이 어떻게 피처링의 방식을 통해 해당 콘텐츠를 재인식하도록 하여 기억 구성에 영향을 미치는지 살펴보고자 한다.

콘텐츠 게시자는 헤세의 『데미안』은 물론 다양한 레퍼런스를 끌어와 나름의 논리로 뮤직비디오를 해석하는데 뮤직비디오의 장면들에서 『데미안』과 연관되어 보이는 오브제나 설정은 물론 그 외에도 성서를 비롯한 다양한 인문 · 예술의 고전이 활용되었음을 보여주고 있다. 물론 뮤직비디오에 대한 기본적인 이해는 뮤직비디오가 『데미안』의 모티프를 차용하고 있음을 표방한 만큼 소설의 주제의식을 뮤직비디오의 흐름에 대입하고 있다. 즉 '선의 세계만을 보고 살아왔던 주인공 싱클레어가 미지의 소년 데미안을 만나고 세상은 선과 악이 공존하는 세계라는 것을 알게 되면서 그것을 받아들이고 진정한 자신을 찾는 성장의 길로 나아간다'는 성장서사로서 『데미안』의 설정을 바탕으로 한다. 따라서 7명의 멤버들을 싱클레어나 데미안, 혹은 다른 여러 캐릭터에 나누어 대입하거나 선과 악의 표상으로 나누어 이해하고 선에 대한 악의 유혹, 혹은 선과 악의 통합이라는 틀에서 뮤직비디오를 해석해 나가며 이 과정에 데미안 이외의 고전들이 이야기 전개에 어떻게 가담하고 있는지 해석한다.

이 해석 영상은 인문 · 예술의 고전들을 피처링해 〈피 땀 눈물〉이라는 노래와 뮤직비디오를 그 이전과 다른 콘텐츠로 재인식하게 한다. 뮤직비디오의 각 장면은 『데미안』서사의 큰 맥락에 견주어 이해되며, 등장하는 예술작품들 역시 주제를 뒷받침하는 상징들로 풀어진다. 뮤직비디오에서 한 멤버가 들고 있던 사과는 선악과임이 드러나고, 무심코 지나칠 수 있었던 배경에 걸린 그림도 의미 있는 오브제였음을 일깨운다. 이 그림은 16세기 르네상스의 화가 피테르 브뢰헬(Pieter Bruegel the Elder)의 〈추락하는 이카로스가 있는 풍경〉으로 유혹을 이기지 못해 우를 범하는 혈기왕성한 젊은이의 표상을 싱클레어에 대입시키기 위한 장치였음을 알게 된다. 또 한 멤버가 오르간을 연주하는 장면은 단지 웅장함과 비장미를 연출하기 위한 것이 아님을 알게 된다. 『데미안』에서 싱클레어가 찾는 가치관을 상징하는 존재인 '아브락사스'에 대해 일러주는 괴짜 신부 피스토리우스를 나타낸 것이다. 또 뮤직비디오 후반부 장면에서 한 멤버가 마주한 거울 위에 쓰인 문구는 니체(Friedrich Wilhelm Nietzsche)의 『차라투스트라는 이렇게 말했다』에서 발췌된 것임이 드러난다. 『데미안』에서 자기만의 세계관 정립을 위해 몰두하는 싱클레어가 자주 들여다보며 위안을 얻는 것이 니체의 책들이었기 때문이다.

이제 〈피 땀 눈물〉 뮤직비디오는 기존의 여느 아이돌 뮤직비디오처럼 단지 화려한 영상을 위해 고풍스러운 예술작품들을 배경으로 멋진 안무를 선보이는 평이한 콘텐츠로서의 기억과 결별한다. 〈피 땀 눈물〉의 기억은 뮤직비디오의 모든 장면과 설정에 많은 이야기가 숨겨져 있음을 알게 됨에 몇 번이고 돌려보며 그 의미를 추론해볼 수 있는, 다양한 문화적 함의가 숨겨져 있는 진지한 텍스트로 재구성된다. 그리고 유튜브가 우측에 제시하는 다른 해석 영상들의 또 다른 해석과 접근들은 시청자의 상상과 추리놀이를 확장시키며 뮤직비디오에 대한 이 새로운 기억의 재구성은 강화된다.

한편 이 사례는 고전을 통해 노래와 뮤직비디오에 대한 집단의 기억과 지식이 재구성된 것임과 동시에 역으로 고전이 뮤직비디오를 활용해 그 의미를 전승, 강화한 사례로도 이해할 수 있다. 고전의 가치는 인류가 남긴 사유의 정수로서 그것이 시대를 막론하고 삶의 진리에 대한 힌트를 줄 수 있다는 점에 있다. 따라서 고전 작품들은 인류의 가장 영속적인 집단지식이자 기억이다. 그리고 이 집단지식이 내포하는 인류 보편의 가치와 정신은 다양한 상황에서 다양한 모습으로, 당대로 소환되며 자신의 생명을 이어간다. '진정한 자아의 삶에 대한 추구는 자신을 둘러싼 낡은 규범들과의 투쟁과 균열로부터 시작될 수 있다'는 『데미안』의 성장과 자기구현의 가치는 〈피 땀 눈물〉이라는 21세기의 대중음악 텍스트를 빌려 다시 한번 오늘에 재현되며 보전 · 전승되고 강화된다.

4. 패스티시와 패러디

패스티시(pastiche)와 패러디(parody)는 모두 원작에 대한 모방을 바탕으로 하는 예술 양식들이다. 패스티시는 다른 여러 작품의 요소들을 섞어 단순 나열하는 혼성 모방이라는 의미로도 많이 쓰이며 원작의 기법, 장르, 스타일, 매체 등을 혼합해 원본에 대한 복제에 가까운 충실한 모방을 수행한다. 일반적으로 작자가 원작으로부터 차용한 것들을 자기 자신만의 통일된 양식으로 재창조하지는 않는 경우가 많기에 절충적인 작품으로 인식되어 창작품으로서의 가치에 대해서는 높게 평가받지 못하며 경멸적인 의미로 쓰이기도 한다. 한편 패러디는 '대응 노래(counter-song)', '파생적인 노래'라는 뜻의 고대 그리스어 'parodia'에 그 어원을 두고 있으며, 패스티시와 유사하지만 풍자나 희화화를 포함한 비틀기가 적극적으로 수행되고 이를 통해 원작과는 또 다른 새로운 의미를 지닌다. 패스티시가 목적의식 없이 다른 작품의 요소를 단순 모방한다면 패러디는 특정 의미를 표현하기 위한 목적 의식을 갖고 있다는 점에서 가장 중요한 차이를 갖는다. 따라서 패러디를 통한 기억의 재구성은 작품에 대한 기억의 전복이 가장 강하게 발생할 수 있다.

원본을 쉽게 가공할 수 있다는 디지털 데이터의 특성은 다양한 패스티시와 패러디물 창작을 위한 가장 용이한 여건을 제공한다. 특히 향유자들은 유튜브에 아카이브된 기억들을 손쉽게 내려받아 편집·가공할 수 있기에 유튜브는 패스티시나 패러디를 수행하기에 매우 적합한 환경을 가지고 있다. 또 모방 창조를 바탕으로 하는 패스티시나 패러디는 온전하고 순수한 창작의 부담으로부터 상대적으로 자유로워 오늘날 아마추어들의 일상의 대중예술 활동은 물론 전문적, 상업적 대중문화 영역에서도 빈번하고 주요하게 작용하는 창작 방법론이라는 점도 패스티시나 패러디의 만연을 부추기는 원인이다. 더군다나 이제 풍자와 희화화라는 전통적인 요소에 대한 집착에서 자유로운 창작물도 패러디물의 영역에 묶이는 경향이 늘어나고 있어 패러디물의 유형도 다양해지고 양적으로도 많아지고 있다.

유튜브의 대중음악 콘텐츠에서 패스티시와 패러디의 방식을 통한 문화기억의 구성 양상은 주로 커버 영상과 UCC 뮤직비디오에서 나타난다. 먼저 커버 영상 같은 경우 앞서 언급한 것처럼 커버의 개념이 원곡에 충실한 재연과 리메이크와 같은 '다르게 연주하고 부르기'의 양식까지를 포괄하는 개념으로 쓰이고 있음에, 기억 구성 역시 전승·보존·강화와 재구성의 두 가지 양상에서 모두 나타난다. 유튜브에서 커버 영상이라 불리는 것의 대부분은 비록 악기 구성이나 반주가 원곡과 같지 않더라도 다분히 원곡을 충실히 모방·재현하는 것을 지향하고 있다는 점에서 패스티시의 범주에 넣을 수 있다. 따라서 연행의 주체만 바뀌었을 뿐 원곡이 지닌 미적 가치와 태도들을 존중하는 커버 실천은 원곡에 대한 기억의 전승·강화로 기능한다. 그러나 이제는 리메이크 형태를 포괄하는 연행까지 모두 커버라고 칭하는 경향이 많아지면서 원곡과 다르게 부르고 연주하는 형태의 커버 콘텐츠도 점점 늘어나고 있다. 이러한 형태의 커버에서는 원곡에 대한 비틀기의 정도에 따라 패러디의 영역에 속한 것으로 보아야 할 것들도 있으며 따라서 이 경우 작품에 대한 기억의 재구성의 가능성 역시 다양한 크기로 잠재되어 있다고 볼 수 있다. 특히 원곡에 대한 비틀기 — 패러디의 실천은 과거의 음악이 오늘의 관점에서 어떻게 해석될 수 있는가, 혹은 동시대의 음악도 다른 관점에서 어떻게 바라볼 수 있는가의 문제이며 여기에는 당대 집단의 가치 체계가 개입한다는 점에서 이를 향유하는 집단의 사회적 의미 부여의 결과물이며 이와 관련한 문화기억의 재구성이 나타날 수 있다.

UCC 뮤직비디오 경우 역시 제작 방식이나 내용이 워낙 다양한 양상을 보이기에 패스티시와 패러디를 통한 원곡이나 오피셜 뮤직비디오에 대한 기억의 구성에 미치는 영향에 따라 기억의 전승·보존·강화와 재구성의 양상이 모두 나타난다. 특히 패러디 성향이 짙은 UCC 뮤직비디오의 경우 원작에 대한 당대 사회의 또 다른 관점을 보여주는데, 원작을 빌려 게시자의 사회비판적, 풍자적 메시지를 드러내는 수단이 된다는 점에서 집단의 가치관이나 신념, 규범체계 등에 관한 논의를 수반한다.

1) 아델의 〈헬로〉

아델(Adele)은 영국의 싱어송라이터로 힘 있는 성량과 테크닉을 자랑하는 소울 가수다. 2008년 19세의 나이에 데뷔하였으며 2011년 앨범 〈21〉의 발매 이후 빈티지 소울 보컬 최정상의 가수로 평가받으며 현재까지 군림하고 있다. 21세기 들어 유일하게 전 세계 3천만 장의 음반 판매량 기록을 보유하고 있으여 지금까지 이미 총 15개 이상의 그래미상을 수상하였다.

〈헬로(Hello)〉는 아델의 3집 앨범 〈25〉에 수록된 곡으로 2015년 10월 첫 싱글로 공개되었다. 역시 중저음부터 후렴의 내지르는 고음까지 아델의 풍성한 음량과 울림이 강조되는 발라드곡으로 유튜브 역사상 최단기간 내 10억 조회수를 달성한 곡이기도 하다. 전 세계 보컬리스트들의 선망의 대상인 아델의 가장 유명한 곡 중 하나인 만큼 커버 영상도 많이 시도되는 곡이다.

2015년 11월 5일 아델의 〈헬로〉가 공개된 지 보름여 만에 한국의 고등학생이 커버한 라이브 영상이 게시되었다. 교복을 입고 오직 피아노 반주에 의존하여 노래하는 학생의 라이브는 전문적인 마이크를 동원한 근거리 녹음이 이루어지지 않아 음질도 그리 좋지 않다. 하지만 원곡을 충실히 재현하는 패스티시 방식의 커버를 시도하는 이 영상에서 고등학생이라 믿기지 않는 보컬 실력과 곡 재현 능력은 곧 화제가 되었다. 이 학생은 이 영상으로 세상의 주목을 받은 이후 미국의 유명 토크쇼 인 〈엘렌 쇼(Ellen Show)〉에 초청받아 출연하였으며 커버 영상은 2020년 11월 기준 약 2천 4백만의 조회수를 기록 중이다.[51] 특 히 아델 역시 한국의 고3과 비슷한 나이인 19세에 데뷔했었다 는 사실과 오버랩되며 소울 음악에서는 변방이라 할 수 있는 아시아의 어린 고등학생이 그 도전을 훌륭하게 성취해냈다는 점에서 커버의 가치가 더 빛난다.

이로써 영상 속 학생의 입장에서는 자신의 실력을 뽐내고 주 목받는 소기의 목적을 달성한 것이지만, 이러한 훌륭한 커버 들을 양산해내는 패스티시 방식을 통한 다양한 커버 형태의 문 화적 실천들은 결국 아델의 원곡의 가치와 위상에 대한 사회 의 기억을 공고히 하는 데 일조한다. 따라서 원곡을 충실하게 모방 재현하는 커버 행위가 원곡에 대한 문화기억을 전승·보 존·강화하는 것은 분명하다. 원곡의 장점을 존중하고 긍정적 으로 모방하는 패스티시 방식의 커버는 원곡이라는 이상적 기 준에 다다르기 위한 도전의 성격으로 이해되며 따라서 원곡의 특성과 스타일, 음악적 심상을 얼마나 잘 재현하는가가 중요한 감상 포인트가 되기 때문이다. 그러므로 이러한 접근의 커버 들은 결국 원곡을 이상으로 삼아 원곡의 미적 가치를 끊임없이

---

51 https://www.youtube.com/watch?v=PPQNbTPb-F0(2020년 11월 6일 검 색)

재생산하고 제고함으로써 노래에 대한 본질적 차원의 기억을 전승·보존·강화하는 역할을 하게 된다. 특히 〈헬로〉와 같이 원곡 재현을 위해서 상당한 보컬 역량을 필요로 하는 경우에는 그 효과가 두드러진다.

2) 비의 〈깡〉 뮤직비디오

〈깡〉은 가수 '비'가 2017년 발표한 노래로 홍보를 위해 뮤직비디오가 함께 제작되었다. 이 노래와 뮤직비디오는 발표 당시 콘셉트, 음악, 퍼포먼스 등 모든 면에서 평단과 대중으로부터 매우 참혹한 혹평을 받았으며 모든 음원 차트에서 100위 안에 들지도 못하고 사라졌다. 이로써 2014년 발표한 음반과 함께 연달아 흥행에 참패하며 2000년대 최고의 스타였던 비의 인기 하락세를 보여주었다.

음악과 뮤직비디오가 혹평을 받은 이유를 살펴보면 먼저 음악은 전반적으로 가수 본인의 전성기였던 2000년대 초반의 유행 지난 스타일을 그대로 답습하고 있고, 전문 래퍼가 아닌 비가 곡의 많은 부분을 차지하는 랩까지 직접 소화하고 있는데 그 완성도가 많이 떨어진다는 평을 받는다. 또한 곡의 전개 과정에 다양하게 혼입되는 여러 장르의 등장과 전환이 전혀 개연성 없이 부자연스럽다는 것이었다. 특히 대중들의 비웃음에 가까운 비평을 받은 것은 가사였는데 이 역시 뚜렷한 곡의 주제를 알 수 없으며 진부한 클리셰로 가득 찬 표현들을 마구잡이로 모아놓은 듯한 인상으로 역시 개연성이 많이 부족하고 철지난 감각으로 유치하다는 평이었다.[52] 게다가 뮤직비디오에서 보여주는 스타일과 퍼포먼스는 전체적으로 어색한 연출과 구태의연한 관행의 반복, 노래의 내용과 전혀 매칭되지 않는 전개와 요소들이 결국 음악을 더 난해한 것으로 만드는 효과를 가져왔다.[53]

그리고 유튜브의 〈깡〉 뮤직비디오 영상에는 조롱의 댓글들이 달리게 되었다. 요컨대 대중음악에 대한 대중의 가치규범이 비가 예측했던 과거의 그것을 이미 뛰어넘어 있었기 때문이다. 아이돌을 위시한 퍼포먼스 위주로 어필하는 음악도 과거와 같이 단지 멋진 것들을 한데 적당히 모아놓는 것만으로 대중을 만족시킬 수 없게 된 것이다. 이제 아이돌 음악도 곡과 안무, 뮤직비디오 등이 하나의 주제를 향해 완성도 있게 수렴되어야 하고 진정성 없는 가사와 맥락 없는 짜깁기 등은 더 이상 통하지 않는다는 것을 비는 알지 못하였던 것이다.

그런데 2018년 하반기부터 〈깡〉의 악명을 직접 확인하거나,

---

52 〈깡〉 뮤직비디오 유튜브 영상에 첨부된 댓글 참조. https://www.youtube.com/watch?v=xqFvYsy4wE4(2020년 10월 27일 검색)

53 성상민, 「'1일 1깡' 열풍에 편승한 지역방송사 유튜브」, 『미디어오늘』, 2020.5.10. http://www.mediatoday.co.kr/news/articleView.html?idxno=206986(2020년 10월 25일 검색)

네티즌 자신의 인내성을 테스트하기 위해서, 혹은 이 곡이 왜 이리 처참한 작품이 되었는지 직접 분석하고 확인하고자 하는 이들에 의해 뮤직비디오 감상하기가 하나의 유행처럼 번지기 시작했다.[54] 이에 〈깡〉에 대한 조롱과 비하를 통해 재미를 찾으려 시작했던 향유자들의 놀이는 〈깡〉의 단점으로 지적되었던 점들 자체를 깡의 미덕, 혹은 정체성으로 인식하게 하였다. 이제 뮤직비디오가 표방했던 '어색한' 진지함과 멋은 오히려 풍자와 유머의 포인트로 바뀌었고 뮤직비디오를 꼼꼼히 분석하여 남긴 댓글들은 이 뮤직비디오를 재미 가득하고 흥미로운 대상으로 변모시켰다. 이제 영상과 가사를 소재로 한 댓글놀이는 결국 하나의 인터넷 밈이 되었으며 매일매일 깡을 시청한다는 고백놀이도 이어졌다. 하루 몇 차례나 뮤직비디오를 감상하는가를 표현하는 '1일 N깡'이라는 용어도 생겨났다.

유튜브에서 시작된 이러한 〈깡〉의 밈은 뮤직비디오 속의 다소 난해한 춤과 과한 의상을 희화화하는 패러디 뮤직비디오 제작 유행으로 이어졌다. 과거 발매되었다가 짧은 기간에 사라졌던 〈깡〉과 뮤직비디오에 대한 유튜브 향유자들의 문화적 실천은 그것을 2019년 현재로 소환하였으며 이 소환 과정에서

---

54 김성윤, 「1일 1깡 아십니까? 3년만에… 화려한 조명이 비를 감싸고」, 『조선일보』, 2020.5.16. https://www.chosun.com/site/data/html_dir/2020/05/15/2020051503 446.html?utm_source=naver&utm_medium=original&utm_campaign=news(2020년 10월 25일 검색)

〈깡〉에 대한 심상은 원곡과는 전혀 다른 것으로 바뀌었다. 일종의 커뮤니티 성격으로 발전한 유튜브 〈깡〉 뮤직비디오 게시 페이지에서 이루어진 이들의 소통은 유튜브 외부로 확장되어 이어짐으로써 더 많은 사회 구성체를 이 문화 속으로 끌어들였다. 주류 방송사나 관공서 및 각종 기관에서까지 깡 밈을 활용하여 저마다의 목적과 방식으로 패러디물을 쏟아냈다. 일례로 신용회복위원회 CCRS 채널에서는 카드깡 근절 캠페인을 위한 〈깡〉 패러디 뮤직비디오를 선보이기도 했다.

이로써 유튜브라는 놀이터에서 이루어진 〈깡〉에 대한 유희적 소통의 기억들은 두 가지 측면에서 그것을 향유한 우리 사회의 새로운 기억으로 수렴되는데 하나는 〈깡〉이라는 노래와 뮤직비디오 자체에 대한 기억이고 또 하나는 비라는 가수에 대한 기억이다. 〈깡〉에 대한 2019년의 한국 사회의 해석은 그것을 경멸과 조롱의 대상에서 재미있고 친근한 대상으로 바꾸었다. 그리고 그 해석적 관점은 깡에서 멋보다는 재미를 찾고자 했던 향유자들의 관심에 있다. 2010년대 후반의 우리에게 〈깡〉과 그 뮤직비디오는 그것이 지닌 B급 감성의 가능성이라는 측면에서 가치 있는 작품이며 깡 밈은 유튜브 향유의 가장 큰 목적 중 하나인 '재미'의 원천 소스가 되었다. 이제 〈깡〉의 기억은 과거 일부 대중들에게만 남아 있던 안타까운 실패작으로서의 기억과 결별하고 2019년 〈깡〉 밈에 의해 더 많은 집단 구성원에 의해 재구성되어 배포된 새로운 기억은 기존의 〈깡〉

의 기억 위에 덧씌워진다.

한편 패러디물을 위시로 한 〈깡〉 밈의 확산은 가수 비에 대한 사회의 기억도 재구성한다. 그리고 이것은 직접적으로 비라는 한 유명 연예인의 미디어 속 정체성에 대한 대중의 기억 변화에서 비롯된다. 자신들이 온라인상에서 구축한 '새로운 정체성의 비'에 대한 이른바 깡팸[55]들의 관심은 자연인 비가 아닌 유희의 대상으로서 〈깡〉 세계관 속의 비이며, 새로운 형태의 팬덤이라 할 수 있는 이들의 실천은 밈의 확장과 재생산에 몰두한다. 그리고 주류와 비주류를 아울러 미디어 속 비의 정체성을 '갱신'시킨 이들의 〈깡〉 놀이는 결국 실제 연예인 비를 이 온라인 속 새로운 정체성의 비에 동화시켰다. 완벽한 피지컬과 퍼포먼스, 멋과 카리스마 등이 기존 비의 정체성을 대변하는 수식어들이었다면 이제는 조금은 허술하지만 그래도 친근한, 그리고 긍정적이고 성실히 노력하는 아직 건재한 스타로서의 이미지가 구축되었다. 특히 이 과정에서 비는, 비록 희화화의 대상이 되었지만, 자신을 대상으로 한 온라인 문화에 능숙하고 유연하게 대응하는 모습을 보여주고 향유자들이 '만들어낸' 새로운 정체성에 스스로를 투항했다. 그리고 오히려 〈깡〉 밈이 일으킨 세간의 관심을 긍정적인 방향으로 활

---

55 팸은 family의 줄임말로 인터넷상에서 맺어진 가족과 같은 친근한 관계를 말한다.

용하여 이전과 또 다른 방식으로 왕년의 스타에서 현재의 스타로서의 입지를 이어나가는 데 성공했다. 조롱에서 시작된 유튜브에서의 〈깡〉 밈은 결과적으로 비에게 재기의 계기가 된 셈이다.

이와 같은 맥락에서 비록 이 글이 대중음악이라는 영역에 한정하여 집단기억의 양상을 살펴보고 있지만 연예인을 포함해 정치, 경제, 언론 등 소위 '유명인'이라 할 수 있는, 사회에 영향력을 발휘하는 구성원들의 정체성은 결국 미디어 속 논리에 의해서만 성립하고 의미 있다는 점을 상기할 때, 〈깡〉 사례는 유튜브에서의 문화적 실천이 한 유명인에 대한 사회적 정체성과 기억을 바꾸어놓은 사례로서 의미 있다.

3) 포 논 블론즈의 〈왓츠 업〉

〈히맨 앤 더 마스터즈 오브 더 유니버스(He-Man and the Masters of the Universe)〉는 미국의 완구 회사 마텔(Mattel)의 미디어 프랜차이즈 비즈니스에서 만든 TV 시리즈 애니메이션이다. 미국에서는 1983년부터 방영되었으며 한국에서는 1990년 KBS에서 〈우주의 왕자 히맨〉(이하 〈히맨〉)으로 방영되었다. 이터니아의 왕자인 아담이 '힘의 검'을 사용하여 우주의 영웅 히맨으로 변신, 이터니아를 위협하는 악당과 싸운다는 내용이다.

히맨이라는 캐릭터는 80년대 이래 미국에서는 피규어와 실사판 영화 출시 등으로 지속적인 업데이트가 되었지만 90년에 잠시 방영되었던 한국의 〈히맨〉은 한동안 잊힌 추억의 만화영화였다. 하지만 유튜브의 등장 이후 누군가의 소장 영상이 게시되어 최초의 캐릭터가 만들어진 당시 자료를 볼 수 있게 되었다. 그런데 2010년에 한 향유자에 의해 UCC 뮤직비디오 형태로 만들어진 히맨의 영상은 악당을 물리치는 '우주의 영웅'이라는 기억 속 히맨의 표상을 전혀 다른 것으로 바꾸어놓았다.

'HEYYEYAAEYAAAEYAEYAA'라는 제목의 이 영상[56]은 과거 〈히맨〉의 만화영화 장면들을 재배열하여 편집하고 거기에 90년대의 히트곡 〈왓츠 업(What's up)〉을 새롭게 불러 입힌 패러디 뮤직비디오이다. 이 영상이 보여주고자 하는 것은 근육질의 몸매에 이름도 마초적인 히맨(He-Man)이 실상은 게이였다는 설정이다. 2010년 게시된 이 영상의 현재 조회수는 1억 8천만에 달한다. 한국에서는 2012년 한 향유자가 이 영상에 한국어 자막을 넣고 영상 제목을 '우주게이 히맨(자막)'이라고 붙여 새롭게 포장하여 게시했으며 약 350만 조회수를 기록하고 있다.[57]

이 UCC 뮤직비디오에서 "무슨 일이 일어나고 있는 거지?(What's going on?)"를 중심으로 하는 〈왓츠 업〉 노래의 가사는

---

56 https://www.youtube.com/watch?v=ZZ5LpwO-An4(2020년 11월 10일 검색)

57 https://www.youtube.com/watch?v=ZVC3hWDR13k(2020년 11월 10일 검색)

자신이 게이임을 깨달아가는 히맨의 혼란과 고뇌를 우스꽝스럽게 표현하는 데 적절하게 동원된다. "Learn how to hide your feelings(너의 감정을 어떻게 숨기는지 배우는 거야)"라는 마지막 가사한 구절 정도가 개사되어 직접적으로 의도를 드러낸 부분이라면, 가사의 나머지 부분들은 원곡의 것을 그대로 썼음에도 설정된 스토리를 암시하는 데 적절히 들어맞는다. 특히 노래를 팔세토 창법[58]으로 불러 남성성이 거세된 이미지를 추구하는 것은 이 곡이 게이의 자기고백적 노래로 들리게 하는 데 큰 효과를 발휘한다. 따라서 90년대의 '원 히트 원더'[59] 곡으로 기억속에 존재하던 그룹 '포 논 블론즈(4 Non Blondes)'의 〈왓츠 업〉에 대한 기억은 너무나 손쉽게 '게이송'이라는 새로운 문화기억에 의해 덧쓰여지며 이것은 특히 이 90년대 팝과 직접적인 시공간적 접점이 없는 한국의 젊은 세대에게 특히 그러하다.

그러나 히맨의 기억이 게이로 재구성되는 것은 팔세토 창법으로 희화해 부른 노래만으로 성취된 것은 아니다. 여기에는 히맨의 외모적 특성이 중요한 요소로 작용한다. 그리고 이것은

---

58 흔히 가성이라고 알려진 팔세토 창법은 요들 등에도 많이 활용되며 여성처럼 높은 음역을 낼 수 있다. 영화 〈파리넬리〉 등을 통해 미성을 위해 거세된 남성 가수인 '카스트라토'가 대중적 이해를 얻게 되면서 굵고 낮은 남성적 목소리와는 상반된 것으로 인식된다.

59 대중음악에서 어떤 아티스트의 활동을 통틀어 대중의 기억 속에 한 개의 싱글 곡만 큰 흥행을 남기는 경우를 말한다.

이 사례와 관련하여 보다 주의 깊게 들여다보아야 할 문제, 즉 오늘의 우리 사회는 왜 늠름한 옛 우주 영웅의 기억을 게이의 모습으로 패러디하여 재현하고 그에 열광하는가에 관한 문제와 연관된다.

이 기억의 패러디 과정에서 히맨의 외모적 성향은 모두 그가 게이일 것이라는 가정을 뒷받침하는 증거로 적절히 기능하도록 동원된다. 평상시 아담 왕자일 때 그가 줄곧 입는 핑크빛 의상, 이마를 단정하게 덮는 단발머리는 물론 다정하게 요리하는 모습 등은 대개는 마초적 남성성을 상징하는 데 많이 쓰여온 그의 우람한 근육질 몸과 어울려 기묘한 느낌을 자아내는 것으로 해석된다. 여기에다 히맨으로 변신했을 때는 몸의 대부분을 노출하는 차림이 되는데 삼각의 쇼트팬츠 한 장에 상체에는 타이트한 하네스[60]를 두르고 있다. 남성성을 대표하는 근육질의 몸매는 당연히 남성을 성적 대상으로 바라보는 남성 집단에서도 매력적인 신체상으로 받아들여진다. 게이 커뮤니티에서 특히 근육은 남자다운, 또는 관능적인 신체를 표현하는 중요한 수단으로 여겨지고 있으며 이를 위해 타이트한 복식이 뒤따르는 경우가 많다.[61] 그리고 히맨은 정작 악당들을 물리칠 때

---

60 사람 몸에 매는 마구(馬具) 비슷한 벨트를 말한다.

61 김규연, 「성소수자의 복식을 통한 젠더정체성 표현」, 서울대학교 석사 학위논문, 2019, 72~74쪽.

그의 검으로 베거나 찌르기보다는 상대를 들어서 던져버리거나 끌어안고 레슬링을 하는 식으로 전혀 폭력적이지 않은 '젠틀한' 응징법을 보여준다. 따라서 이런 그의 몸놀림과 목소리(〈왓츠 업〉 노래), 그리고 외형의 조합에서 오는 결과물이 '히맨=게이'라는 설정에 어떤 단서를 부여하는 것이다.[62]

사회 구성원들이 특정인의 외모에서 동성애자의 성향을 포착하고 다른 사람들도 그것에 공감한다는 것은 그만큼 성소수자에 관한 담론이 사회 속에서 모습을 드러내고 유통되었다는 것을 의미한다. 한국에서 1980년대까지 동성애자를 포함한 성소수자는 '외부에서 기인한 비도덕적 주체들의 표지'로 이해되었다. 대중매체에서 이들을 변태나 범죄자의 형상으로 재현하거나, 당시 대중적 공포를 조성했던 에이즈의 감염 원인으로 낙인 찍고 있었다는 점 등이 이를 나타내준다. 성소수자를 위한 모임과 인권 단체들이 본격적으로 조직되고 사회적으로 목소리를 내기 시작한 것은 1990년대에 이르러서였으며 2000년이 되어서야 연예인 홍석천의 커밍아웃 등에 힘입어 비로소 대중적인 차원의 논의를 촉발하게 되었다.[63]

---

62 물론 이러한 특성들만으로 히맨을 게이로 묘사하는 것은 그 또한 게이에 대한 사회의 편견을 드러낸 것이라 할 수 있으나 〈우주게이 히맨〉이 얼마나 게이에 대한 올바른 인식을 견지하고 있는가가 여기서 다루고자 하는 문제의 본질은 아니다.

63 백조연, 「한국 보수 개신교 성소수자 혐오 담론의 형성과 전개 양상」,

따라서 2010년대에 '우주게이'로 패러디된 80년대 말의 우주 영웅의 사례는 과거에 음지에 머물렀던 성소수자에 관한 담론이 사회적 담론의 장으로 포섭되고 있음을 나타내며 이제 우리 사회가 그것을 보다 개방된 공간에서 가볍게 혹은 여러 가지 방식으로 다룰 수 있게 되었음을 시사한다. 그리고 비록 여전히 왜곡되어 있기는 하지만, 이렇게 변화한 사회적 상황에서 80년대의 히맨에 대한 직접경험의 기억이 없는 젊은 세대는 물론 어렴풋이나마 기억을 지니고 있던 세대에게 오늘의 관점에서 히맨의 외모는 가장 먼저 그의 성 정체성에 관한 문제를 연상케 하였음을 보여준다. 즉 히맨의 영웅적 행위보다 '혹시 그가 게이가 아닌가' 하는 의문이 가장 먼저 〈히맨〉이라는 작품에 대한 문제적 논쟁거리로 다가오는 2010년대의 우리 사회의 관심사나 태도에서 〈히맨〉의 문화기억은 이를 중심으로 재구성되는 것이다. 이제 유튜브에서 '히맨'을 검색하면 상위 검색 결과의 90% 이상에서 모두 '우주게이 히맨'에 관한 영상이 순위를 차지하고 있다. 그리고 게이송과 대표 캐릭터로서의 새로운 〈왓츠 업〉과 〈히맨〉의 표상은 각종 파생 콘텐츠와 밈 실천에 의해 더욱 강화된다. '우주게이 히맨'을 무한 반복해서 이어 붙인 10시간 반짜리 영상, 뮤직비디오의 장면을 실사로 똑같이 재현하는 패스티시 방식의 뮤직비디오, 히맨의 진짜

———————
중앙대학교 석사학위논문, 2018, 42~47쪽.

정체를 파헤친다는 분석 영상, 유흥의 자리에서 게이송 버전의
〈왓츠 업〉을 부르는 사람들의 영상 등 다양하다. 이로써 원곡과
원작에 대한 기억은 게이송과 그 상징적 캐릭터로 새로운 표상
을 획득한 새로운 뮤직비디오 속 노래와 '우주게이 히맨'에 의
해 집단의 기억에서 점점 자리를 빼앗기고 망각의 영역으로 내
몰린다.

　이상의 논의를 바탕으로 유튜브 공간에서 대중음악콘텐츠
향유에 의한 대중음악의 문화기억 구조를 간략히 도식화하면
[그림 7]과 같다.
　도식화는 관념적이고 다기한 구성 요소 간의 관계와 이들이
이루는 구조적 특성을 한눈에 파악하기 쉽도록 하기 위한 것이
다 보니 그 과정에서 일정의 생략과 비약의 위험을 늘 갖고 있
다. 이 도식에서 유튜브 공간이 아카이브와 산실로 양분되어
있지만 앞서 밝힌 바와 같이 이는 유튜브가 문화기억의 공간
으로서 가지는 이중적 성격을 2차원 평면에 각각 설명하기 위
한 기술적 표현일 뿐이다. 상기하자면 유튜브는 기억의 아카이
브인 동시에 기억의 산실이며, 이것은 재미를 추구하고자 하는
향유자들의 놀이로부터 출발한 것임을 살펴보았다. 따라서 유
튜브는 향유자들의 문화적 실천을 위한 기억 놀이터이며 이 놀
이는 기억을 아카이브하고 재구성해내는 것이다. 기억의 아가
카이브로서 유튜브는 기존의 문화기억을 보존 · 전승 · 강화하

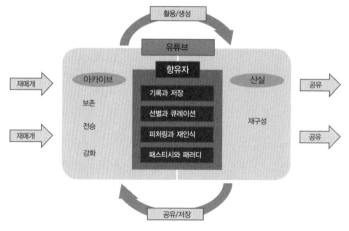

[그림 7] 유튜브에 나타난 대중음악의 문화기억 구조

며 기억의 산실로서의 유튜브는 문화기억을 재구성한다.

유튜브의 콘텐츠를 구성하는 중심이라 할 수 있는 향유자들은 생산과 소비를 아우르는 능동적인 프로슈머로서 대중음악 콘텐츠를 생산, 소비, 유통시키며 이 과정에서 기록과 저장, 선별과 큐레이션, 피처링과 재인식, 패스티시와 패러디라는 주요한 네 가지의 방식을 통해 문화기억을 보존·전승·강화하거나 재구성한다. 이 과정에서 나타나는 유튜브 내에서의 기억의 유통과정을 보면 향유자의 문화 실천 행위는 아카이브에 저장된 기억을 활용하여 새로운 기억을 구성하고 이것은 다시 유튜브 게시를 통해 플랫폼 내의 다른 향유자들에게 공유되며 동시에 유튜브에 저장되는 순환구조를 가진다. 또한 유튜브 외부와의 관계에서 기억의 유통을 보면 재매개를 통해 유튜브 놀이

터로 가지고 온 재료들은 새로운 기억으로 구성되어 유튜브 외
부로 공유를 통해 사회 구성원 전체에 유통된다.

제5장

확장, 순환, 가변의
기억 공간

확장, 순환, 가변의 기억 공간

이상의 사례들을 통해 살펴본 바와 같이 유튜브 공간에서 대중음악의 문화기억 양상에서 차별적인 점은 대부분 유튜브가 형성한 문화기억의 구성 과정과 방식의 차이에서 비롯된 것이며 이 차이는 유튜브라는 플랫폼의 특성과 환경에 기인한다. 사례를 통해 확인한 유튜브에서의 문화기억 양상에서 과거 다른 기억 미디어에서의 그것과 비교해 주목할 만한 점이라면 다음과 같이 정리할 수 있다.

첫 번째는 확장성이다. 이 확장성은 문화기억이 다루는 대상-주제, 그리고 기억을 공유하는 집단이라는 두 가지 측면에서 살펴볼 수 있다.

먼저 기억 주제의 확장성은 대중음악 콘텐츠 향유가 형성한 문화기억이 '무엇에 관한 기억인가'에 대한 것이다. 이 기억 대상의 확장성은 기본적으로 유튜브에서 문화기억의 구성을 초래하는 대중음악 콘텐츠가 무수한 개인은 물론 단체나 기관에 이르기까지 다양한 의지를 가진 주체들에 의해 생산되며 따라서 보다 일상적이고 미시화된 영역에서 다양한 문화기억이 구성됨에 기인한다. 또 이 확장성은 네트언어를 통한 소통적 기억의 축적과 수렴에 의한 문화기억의 구성을 가능하게 하여 민족의 기원이나 정체성에만 집착하는 정통적인 문화기억의 주제를 벗어나 보다 다양한 삶의 영역의 주제를 다룰 수 있게 되었음에 기인한다. 따라서 이 글에서 가정한 바 유튜브가 촉발한 대중음악의 문화기억은 음악 자체에 관한 본질적인 기억은 물론 나아가 사회의 제 영역의 문제와 연관되어 확장되어 있음을 사례를 통해 확인할 수 있었다.

음악에 관한 본질적인 차원의 기억은 '무엇을 기억하는가'의 문제와 관련하여 그 안에서 더 세분화된 양상을 보여준다. 가장 기본적인 것은 그 음악의 멜로디와 가사는 어떠했으며 어떤 편곡과 사운드로 구성되는지에 관한 것, 즉 그 음악이 무엇을 노래하고 어떤 음악적 형태와 특징을 갖고 있는지에 관한 기억으로, 이 글에서 제시한 모든 사례가 공통적으로 기억하고 있다. 거기에 덧붙여 '기록과 저장'의 '김연실의 〈아르렁〉'과 '안종식의 〈단가〉 외' 경우에는 음악사적으로 의미 있는 희귀 자료의 보존과 전승이라는 부가적인 가치를 더한 사례였다.

한편 사회맥락적인 차원으로 확장된 대중음악의 기억은 더 다양한 문제와 연관되어 있었다. 김연실의 〈아르렁〉과 안종식의 〈단가〉 외, 양준일의 〈크레용〉, 서태지와 아이들의 〈난 알아요〉, 조용필의 〈허공〉 뮤직비디오 등의 사례는 대중음악사에 관한 기억과 결부되었으며 이 중 특히 김연실의 〈아르렁〉과 안종식의 〈단가〉 외의 경우는 민족의 정체성이라는 문화기억의 본래적 주제와도 맞닿아 있다. 민중가요 〈임을 위한 행진곡〉, 군중집회의 360도 영상 등의 사례는 한국 현대사나 정치적 이념, 민중운동사 등과 관련한 문제를 수반하였는데 여기에는 증언하기를 통해 독립된 시민언론으로서 과거 해석자로 기능하는 일반 향유자들의 역할이 증대된 네트워크 미디어로서 유튜브의 환경이 작용했다. 경성시대 추천곡 플레이리스트 같은 경우는 대중음악사뿐만 아니라 한국 근현대사에 대한 왜곡된 기억의 재구성을 추동하는 사례였다. 이외에도 비의 〈깡〉 뮤직비디오에 대한 패러디 뮤직비디오 사례는 대중음악에 관한 대중의 인식 변화와 유명인의 미디어 속 정체성에 관한 문제, 포 논 블론즈의 〈왓츠 업〉의 사례는 젠더 문제에 관한 사회의 변화된 인식에 대한 논의, BTS의 〈피 땀 눈물〉 뮤직비디오의 경우는 문화·예술의 고전에 관한 기억과 연관되어 있었다.

다음으로 유튜브에 나타난 대중음악의 문화기억의 확장성은 그것이 다루는 주제가 다양한 만큼 그 기억을 공유하는 집단도 다양한 크기와 형태로 나타난다는 것을 의미한다. 블랙핑크의 〈아이스크림〉 사례처럼 K-pop을 비롯해 이미 민족이나 국가 간의 경계나 범위를 넘어서 글로벌 향유자들에 의해 공유되는 오늘날의 대중음악에 대한 기억은 물론이고 비의 〈깡〉 뮤직비디오와 포 논 블론즈의 〈왓츠 업〉에 대한 패러디 뮤직비디오, 민중가요 〈임을 위한 행진곡〉처럼 음악 외적인 부분에서의 관심사에서도 그 주제의 다양성만큼이나 확장된 기억 공유집단이 형성된다. 즉, 특정 민족이나 국가 구성원에서부터 특정한 하위문화를 공유하는 아주 소수의 집단에 이르기까지 구성과 크기에서 다양하며 따라서 무경계 공간인 유튜브에서 향유자들은 오직 콘텐츠에 대한 공통의 문화적 경험을 구심점으로 다양한 영역에서 이합집산을 통해 교집합을 이룬다.

두 번째로 언급할 점은 강화된 가변성이다. 그리고 여기서 주목할 점은 디지털 시대 이전부터 기억 구성의 본질적 특징이었던 가변성에서 그 정도가 비약적으로 극대화되었다는 데에 있다. 문화기억의 의미 지속을 위한 고정된 객체로서 미디어가 텍스트, 기념관, 상징물 등에서 사진, 영화, 다큐멘터리 등을 거쳐 유튜브 콘텐츠에 이르러 기억 생멸의 변화가 번다하고 그 주기 역시 짧아졌다. 이것은 공히 오늘날 기록, 편집, 전송, 저장과 삭제가 용이한 '디지털 기억'에 기반한 유튜브 플랫폼의 성격에 기인한다. 또한 네트워크 미디어 공간에 존재하는 유튜브는 초월적 시간성과 시공간 압축을 가능하게 하여 향유자의 선택, 재생의 순간에 즉각적인 현재성을 획득할 뿐 아니라 반대로 클릭 한 번으로 그 의미 구성체가 사라질 수도 있으며, 게시자의 향후 조치에 따라 언제든지 내용이 수정될 수도 있다는 점은 이 가변적 특성을 강화한다.

　이와 관련하여 가변성은 또 다른 측면에서도 나타나는데 비록 기억이 자리하고 있던 의미 구성체, 즉 특정 콘텐츠가 지속적으로 존재한다 하더라도 같은 대상에 대한 다른 기억을 재현한 콘텐츠가 복수로 등장하기 때문이다. 알라이다 아스만이 언급한 '지속적인 덧쓰기와 재구성의 원리'는 네트워크 미디어인 유튜브에서도 기억 구성의 중요한 메커니즘으로 작용하며 따라서 가변성은 필연적인 특징이 된다. 즉, 특정 대상을 다룬 콘텐츠가 형성한 기억도 동일한 주제를 다룬 다른 콘텐츠가 초래한 기억에 의해 오버랩되므로 이에 대한 집단의 기억도 끊임없이 재구성될 수 있다. 그리고 여기서 어떤 콘텐츠가 집단의 기억 구성에 더 큰 영향력을 끼칠 것인가는 어떤 콘텐츠가 당대 사회의 가치관이나 관심사를 더 잘 반영하여 많은 향유자의 공감을 이끌어내는가의 문제와 연관된다. 특히 이와 관련하여 콘텐츠 생산은 물론 댓글, 공유, 밈 활동 등 콘텐츠 향유를 둘러싼 다양한 소비 행위에 의한 소통적 기억의 축적과 수렴을 통해 문화기억으로 구성되는 유튜브의 기억 구성 환경에서는 콘텐츠의 흥행성에 관한 주의력의 경제의 원리, 그리고 사회 구성원들의 공감과 참여로 인한 밈문화나 담론 활성화의 정도가 중요하게 작용한다. 소위 '온라인 탑골공원' 채널에 양준일에 관한 영상이 이미 존재하고 있었지만 GD와의 비교를 통해 비로소 대중의 관심을 끌 수 있었던 양준일의 〈크레용〉 사례는 콘텐츠의 이슈성이나 흥미도가 갖는 중요성을 보여주며, 비록 유튜브에서 촉발되었지만 이후 SNS나 주류 언론을 통한 활발한 담론의 형성이 문화기억 구성에 큰 역할을 한 대표적인 사례이기도 하다.

세 번째는 순환성이다. 이것은 기억장치로서 기억의 아카이브이자 동시에 기억의 산실이라는 유튜브의 이중적 성격에 기인한다. 기억의 저장소이자 동시에 이 기억 재료를 활용해 새로운 기억을 생성하는 기억 구성의 미디어라는 점은 기억장치로서 유튜브의 가장 큰 차별성이며 곧 유튜브를 기억의 놀이터로 명명할 수 있었던 요인이기도 하다.

향유자는 유튜브에 아카이빙된 기억 재료를 활용해 새로운 기억을 구성한다. 민중가요 〈임을 위한 행진곡〉, 경성시대 추천곡 플레이리스트 등을 비롯한 모든 플레이리스트 영상은 단순한 선별, 취합과 이어 붙이기 등의 가장 기본적인 단계에서 이루어진 사례였다. 이와는 상대적으로 양준일의 〈크레용〉, 서태지와 아이들의 〈난 알아요〉, BTS의 〈피 땀 눈물〉 뮤직비디오, 포 논 블론즈의 〈왓츠 업〉 등은 향유자의 보다 의지적이고 적극적인 개입으로 의미가 크게 확장되거나 전복된 사례라 할 수 있다. 그리고 이렇게 유튜브상에서 구성된 문화기억은 콘텐츠가 유튜브 게시와 동시에 유튜브 내에 공유되고 자동 저장됨으로써 다른 향유자들의 기억놀이와 문화기억 구성을 위한 새로운 아카이브가 된다.

한편 이러한 순환성은 기존의 유튜브 아카이브 ─ 기억 재료를 활용해 구성된 기억이 아닌 경우에도 마찬가지이다. 군중집회의 360도 영상, 아델의 〈헬로〉 등의 경우처럼 향유자의 직접 경험의 기억을 유튜브에 재매개한 경우나, 김연실의 〈아르렁〉과 안종식의 〈단가〉 외, 엄정화의 〈다가라〉, 조용필의 〈허공〉 뮤직비디오의 경우와 같이 다른 미디어로부터 디지털 변환하거나 발췌·인용의 방식으로 재매개하여 문화기억을 구성한 경우도 역시 게시와 동시에 이루어지는 공유와 저장으로 새로운 기억 재료로서 아카이빙된다. 따라서 이러한 기억의 순환성은 유튜브를 점점 더 풍부하고 다양한 가능성을 가진 변화무쌍한 기억 놀이터이자 문화기억의 미디어로 기능하도록 만들며 동시에 앞선 특징인 확장성과 가변성은 순환성을 통해 가속화되고 강화된다.

문화기억이 구성되고 확산되는 과정에서 미디어의 역할은 절대적이다. 그렇기 때문에, 향유자들이 받아들이는 문화기억은 미디어의 특성과 깊이 연관되어 있다. 이 논의에서 유튜브에 나타난 문화기억의 특징을 확장성, 가변성, 순환성으로 규정한 이유 역시 유튜브에서 나타나는 콘텐츠의 향유 방식이 문화기억의 구성과 확산 과정을 지배하고 있기 때문이다. 그것은 곧 오늘의 사회에서 네트워크 미디어로서 유튜브가 갖는 사회적 영향력을 말해주는 것이기도 하다.

유튜브에 나타난 대중음악의 문화기억의 특징 중 확장성은 향유자들로 하여금 하나의 음악을 다양한 관점에서 바라볼 수 있게 해준다. 다양한 관점은 다양한 해석을 낳고 향유자들은 자신이 알지 못하거나 느끼지 못했던 부분들을 받아들이면서 대중음악을 즐기는 색다른 방식들과 만나게 된다. 그리고 이 과정은 향유의 즐거움으로 이어져 더 많은 향유를 위해 유튜브를 활용하는 계기로 작용한다. 한편 가변성은 향유자들로 하여금 늘 새로운 관점을 받아들일 수 있게 해준다. 앞에서 언급하였던 것처럼 대중음악 콘텐츠가 구성한 기억 생멸의 변화가 번다하고, 그 주기가 짧아진다는 점은 곧 향유자들에게는 기존의 대중음악 콘텐츠들과는 다른 경험을 제공하는 것들을 만날 수 있는 새로운 기회가 지속적으로 증가함을 의미하기 때문이다. 유튜브의 기억자료를 기하급수적으로 증가시키는 순환성 역시 향유자들의 유입을 가속화한다. 유튜브의 위상은 더 강화되고 일반인들의 문화 실천의 결과물이 타인에게 미치는 영향력 역시 더 커진다.

유튜브에서 타인의 '좋아요'를 받거나, 댓글을 쓰도록 하는 일, 그리고 '구독'을 이끌어내는 일 등은 모두 타인들에게 크든 작든 영향력을 발휘했음을 의미한다. 콘텐츠 생산자들이 올린 콘텐츠들이 타인들로 하여금 그러한 행위를 하도록 유도하였기 때문이다. 이는 곧 참여 촉구를 위한 영향력의 확보라고 할 수 있으며, 이러한 영향력의 증대가 사람들이 유튜브에 몰입하는 동기가 된다. 오늘날 아무런 범주화나 일정한 분류체계 없이 두서없는 기억의 아카이브인 유튜브에서 대중음악 콘텐츠의 생산과 소비 역시 다분히 콘텐츠의 재미와 이슈성에 의한 주의력의 경제 원리에 의해 이루어진다. 따라서 모든 콘텐츠의 궁극적 목적이 보다 많은 향유자들에게 선택받는 것이며 게시자는 보다 많은 시청자들에 대한 영향력 확대를 목표로 한다는 점을 상기할 때, 풍부하고 다양한 가능성과 변화무쌍한 기억 놀이터로서 다양성, 가변성, 순환성을 야기하는 유튜브의 환경은 유튜브를 더욱 강력한 영향력을 갖는 미디어이자 플랫폼으로 만들고 있다.

이 논의는 유튜브에 나타난 대중음악의 문화기억의 양상을 밝히는 것을 직접적인 목적으로 하고 이를 통해 궁극적으로 디지털 시대 온라인 공간에서의 문화기억의 모습을 가늠하고자 했다. 이를 위해 유튜브에서 대중음악 콘텐츠를 생산하고 소비하는 향유자들의 문화적 경험, 즉 음악적 경험이 어떻게 문화기억을 구성하는지 그 방식과 이 과정에서 나타난 기억의 유통을 포함한 기억의 구조를 파악하고 아울러 그 특징을 함께 살피고자 하였다. 그리고 이에 대한 전제는 오늘날 디지털 환경에서 생산과 소비를 아우르는 향유자들의 능동적 문화 실천이 이전과는 다른 기억 구성의 양상을 만들어내고 있으며 이것이 바로 네트워크 미디어 시대 집단기억 양상의 핵심이라는 것이었다.

과거에는 주류 미디어나 전문가, 전문기관 등에 의해 주도되었던 사회적 의미의 구성과 이 의미의 지속을 위한 물질적 고정 작업이 이제는 능동적 미디어 주체로 참여하는 개별 향유자들에 의해서도 가능하게 되었다는 점이 주목할 만하다. 그리고 물론 이 과정은 개별 향유자들의 실천의 선에서 끝나는 것이 아니라 여기서 파생된 다른 향유자들의 상호 소통과 콘텐츠 재생산 그리고 사회적 담론의 형성 등에 의해 완성되는 것임도 확인한다.

결국 아홉 가지 대중음악 콘텐츠 향유와 네 가지 기억 구성의 방식을 통한 향유자들의 실천, 기억 놀이는 어떤 음악에 대한 지식과 기억에 관한 논의를 넘어 다양한 측면에서 사회적 논의를 촉구하기도 한다. 그리고 이 논의는 개인과 집단의 정체성, 정치적 이념, 성 담론, 역사 인식, 문화사 등 오늘날 우리 삶의 다양한 영역에 걸쳐 있다. 이제 유튜브라는 거대한 인류의 기억 자료실에 보관된 과거의 파편들은 언제고 '보존적 망각'의 영역에서 다시 살아나 오늘의 필요와 당위성에 의해 현재적으로 의미화될 수 있는 가능성의 잠재들이라고 보아야 한다. 기억은 언제나 구성적인 것이기에 사회의 관점과 가치규범의 변화는 과거의 기억들을 현재에 맞게 재구성시키며 망각의 대상이었던 과거의 잔재를 오늘의 주역으로 되살리기도 하기 때문이다.

한편 유튜브에서 대중음악의 문화기억은 주류 역사에 대비해 주관적이고 가변적인 역사 구성의 시도를 가능하게 한다는 측면에서 대중음악사 연구에 있어서도 의의를 가지며 몇몇의 사례를 통해 이 또한 확인하였다. 특히 양준일의 사례 등은 공식 역사에 대항하는 대중기억으로서 권력이나 주류의 지배담론에 의해 억압되고 망각되었던 과거를 되살리는 실천이었으며 이와 같은 관점에서 주류 대중음악사에 대한 대안사의 관점에서 문화기억을 바라볼 수 있게 한다. 따라서 문화기억이 구성하는 대중음악사는 주류 음악사에서 잊혀지거나 소외된 이야기들을 보완할 것이며 또 다른 맥락으로 음악사를 서술할 때에는 그 주인공으로 등장할 수 있는 잠재된 가능성의 이야기들인 것이다. 그러므로 역사와 기억이 과거를 밝히는 상보적인 관계에 있다는 점을 상기할 때 문화기억에 의한 다양한 대안사와 미시사는 공식 대중음악사라는 본문의 각주로 첨부될 수 있을 것이다.

문화를 "전 인류 혹은 그보다 제한된 어떤 집단의 공통 기억"으로 규정한 유리 로트만의 정의를 다시 상기하면 문화적 실천으로 구성되는 집단의 기억은 곧 문화적 실천의 산물인 문화콘텐츠의 생산과 소비에 기대고 있다고 볼 수 있다. 따라서 집단의 기억과 문화적 실천에 의한 콘텐츠 향유 행위와의 연계점을 보여주는 이 작업은 곧 사회적 공간인 유튜브에서 문화콘텐츠 창작과 소비의 사회적 의미를 상기시킨다. 문화콘텐츠는 문화와 콘텐츠가 결합했다는 것에서 알 수 있듯이 기실 그것이 사회적 산물임을 이미 내포하고 있다. 문화는 물론이고

'콘텐츠'의 어원도 디지털화한 데이터를 통한 타인과의 커뮤니케이션에 대한 지향을 내포하고 있기에 사회성을 전제하고 있다. 그러므로 사회적 공간인 유튜브에서의 문화적 실천 과정은 곧 문화콘텐츠 생성 과정의 또 다른 방식임을 확인한다. 즉 우리가 오늘의 맥락에서 과거를 미디어적 상상력을 통해 보완하고, 선별하고, 그 의미를 새로 발견하고, 모방하고, 패러디하는 과정에서 만들어낸 문화콘텐츠는 문화기억의 산물이며 곧 사회적 의미 구성체라는 점을 환기시킨다. 사회가 그것을 어떻게 기억하느냐에 따라 콘텐츠는 비로소 문화콘텐츠로, 혹은 기존의 문화콘텐츠가 또 다른 문화콘텐츠로 거듭난다. 따라서 문화콘텐츠가 지향하는 가치가 무엇인지 역시 우리가 그 콘텐츠의 원형을 어떻게 '기억'하느냐의 방식과 의미 부여에 달려 있는 것이며 이것은 당대의 가치규범과 이념을 반영하고 변화하는 가변적인 것이다. 따라서 사회적 공간으로서 유튜브의 기능은 더 확장되어야 하고 그때 비로소 바람직한 콘텐츠 개발의 새로운 가능성을 담보할 수 있을 것이다. 문화기억에 대한 이 작업에서의 시도는 문화적 의미 구성체로서 그리고 사회적 산물로서의 문화콘텐츠에 대한 본질적 접근을 가능하게 해주는 것이며, 곧 문화콘텐츠의 의미에 대한 철학적 사유의 일면을 제공해준다.

　문화기억, 즉 집단의 기억에 대한 이 작업을 통해 우리는 개인과 사회의 상호성이나 불가분리성, 시대와 장르를 초월하는 텍스트들의 상호성 역시 확인한다. 이는 요컨대 유튜브는 사회의 은유적 공간이며 여기서 나타나는 현상에는 곧 '기억의 사회학'이라는 명명이 가능한 것임을 입증하려 한 것이기도 하다. 대중음악을 사례로 분석한 문화기억의 양상에서 기억의 공간으로서 유튜브는 곧 오늘의 네트워크 미디어적 현상이 강화된 곳임을 확인할 수 있었으며, 유튜브가 제공하는 개인의 취향이나 심미성은 물론 그 집단적 기억들의 양상은 오늘의 우리를 살피는 단서로 작용함을 깨닫는다.

이 책에서 비록 기록과 저장, 선별과 큐레이션, 피처링과 재인식, 패스티시와 패러디라는 네 가지 기억 구성의 형태가 유튜브에서 대중음악 향유에 관해 도출한 한정적인 것이었지만, 경험을 기록하여 저장하고, 기억해야 할 것을 가려 모으고, 다른 것과의 견주기를 통해 의미를 위치 짓고, 가지고 있는 기억으로부터 모방 창조하거나 나아가 변용 창조하는 행위를 통해 새 기억을 구성한다는 이 논의가 디지털 시대 온라인 공간에서 기억 작용의 보편적 원리로서 관련 논의에 영감을 줄 수 있기를 기대한다.

1. 단행본

가다머, 『진리와 방법』, 정은해 역, 서울대학교 철학사상연구소, 2005.

강경래, 『미디어와 문화기억』, 커뮤니케이션북스, 2018.

강상현, 『디지털시대 미디어의 이해와 활용』, 한나래, 2009.

김양은, 『소셜미디어 리터러시』, 커뮤니케이션북스, 2016.

김영석, 『디지털 미디어와 사회』, 나남, 2000.

김정우, 『문화콘텐츠와 경험의 교환』, 커뮤니케이션북스, 2018.

닐 포스트먼, 『죽도록 즐기기』, 홍윤선 역, 굿인포메이션, 2009.

도준호, 「인터넷과 포털」, 『디지털 시대 미디어의 이해와 활용』, 한나래,
    2015.

로버트 킨슬 · 마니 페이반, 『유튜브 레볼루션』, 신솔잎 역, 더퀘스트,
    2018.

리햐르트 반 뒬멘, 『역사인류학이란 무엇인가』, 최용찬 역, 푸른역사,
    2011.

레브 마노비치, 『뉴미디어의 언어』, 서정신 역, 생각의나무, 2004.

마샬 맥루헌, 『미디어의 이해』, 박정규 역, 커뮤니케이션북스, 1999.

발터 벤야민, 『서사, 기억, 비평의 자리』, 최성만 역, 길, 2012.

백선기, 『미디어 담론』, 커뮤니케이션북스, 2010.

베라 뉘닝 · 안스가 뉘닝 외, 『현대 문화학의 컨셉들(*Konzepte der Kulturwissenschaften*)』, 장진원 외 역, 유로서적, 2006.

사이먼 레이놀즈, 『레트로 마니아』, 최성민 역, 작업실유령, 2017.

수잔 맥클러리, 『페미닌 엔딩 : 음악, 젠더, 섹슈얼리티』, 송화숙 외 역, 예솔, 2017.

알라이다 아스만, 『기억의 공간』, 변학수 · 채연숙 역, 그린비, 2018.

요한 하위징아, 『호모 루덴스』, 이종인 역, 2017.

유승호, 『당신은 소셜한가 ─ 소셜 미디어가 바꾸는 인류의 풍경』(e북), 삼성경제연구소, 2012.

유재천 · 김대호 외, 『디지털 컨버전스』, 커뮤니케이션북스, 2005.

윤택림, 『새로운 역사 쓰기를 위한 구술사 연구방법론』, 아르케, 2006.

이경훈, 『디지털 콘텐츠 퍼블리싱』, 한국출판마케팅연구소, 2013.

이시다 히데타카, 『디지털 미디어의 이해』, 윤대석 역, 사회평론, 2017.

이재현, 『인터넷과 사이버사회』, 커뮤니케이션북스, 2005.

────, 『뉴미디어 이론』, 커뮤니케이션스북스, 2013.

────, 『SNS의 10가지 얼굴』, 커뮤니케이션스북스, 2013

────, 『모바일 미디어』, 커뮤니케이션북스, 2013.

────, 『디지털 문화』, 커뮤니케이션북스, 2013.

임지현, 『기억 전쟁 ─ 가해자는 어떻게 희생자가 되었는가』, 휴머니스트, 2019.

전경란, 『미디어 리터러시의 이해』, 커뮤니케이션북스, 2015.

전진성, 『역사가 기억을 말하다』, 휴머니스트, 2005.

정재철,『문화연구의 핵심개념』, 커뮤니케이션북스, 2014.

제이 데이비드 볼터 · 리처드 그루신,『재매개 : 뉴미디어의 계보학』, 이재
현 역, 커뮤니케이션북스, 2006.

존 크레스웰,『질적연구의 방법론』, 조흥식 외 역, 학지사, 2015.

최문규 외,『기억과 망각』, 책세상, 2003.

최성만,『발터 벤야민의 기억의 정치학』, 길, 2014.

케빈 알로카,『유튜브 컬처』, 엄성수 역, 스타리치북스, 2018.

태지호,『기억 문화 연구』, 커뮤니케이션북스, 2014.

J.K. 올릭,『기억의 지도』, 강경이 역, 옥당, 2011.

M. 파우저,『문화학의 이해』, 김연순 역, 성균관대학교 출판부, 2008.

Aitchison, Jean and Diana Lewis(Eds.), *New media language*, London : NY,
Routledge, 2006.

Castells, Manuel, *The Rise of the network society*(Second Edition), Wiley Blackwell
Publishing, 2010.

Crystal, David, *Language and the internet*, Cambridge : Cambridge University
Press, 2006.

Derrida, Jacques, *Archive fever: A Freudian impression*, University of Chicago
Press, 1996.

Erll, Astrid and A. Nünning(Eds.), *Cultural memory studies: An international
and interdisciplinary handbook*, Berlin : Walter de Gruyter, 2008.

————————————————(Eds.), *Mediation, remediation, and the dynamics
of cultural memory*, Berlin : Walter de Gruyter, 2009.

Foucault, Michel, *Language, counter-memory, practice*, New York : Cornell
University, 1977.

Garde-Hansen, Joanne, *Media and memory*, Edinburgh University Press, 2011.

Garde-Hansen, et al.(Eds.), *Save as…digital memories*, Springer, 2009.

George, Lisa, M., *Youtube decade:Cultural convergence in Recorded Music*, Hunter College and CUNY, 2014.

Groys, Boris, *Über das Neue: Versuch einer Kulturökonomie*, Fischer-Taschenbuch-Verlag, 1999, p.179.

Halbwachs, Maurice, *On collective memory*, University of Chicago Press, 2020.

Hall, Stuart, and David Morley, *Critical dialogues in cultural studies*, Routledge, 1997.

Landsberg, Alison, *Prosthetic memory: The transformation of American remembrance in the age of mass culture*, Columbia University Press, 2004.

Lister, Martin, et al.(Eds.), *New media: A critical introduction*, 2nd Edition, London: Routledge, 2009.

Logan, Robert K., *Understanding new media: extending Marshall McLuhan*, Peter Lang, 2010.

Manovich, Lev, *The language of new media*, London: The MIT Press, 2001.

Mayer-Schönberger, Viktor, *Delete: The virtue of forgetting in the digital age*, Princeton University Press, 2011.

Neiger, Motti, et al.(Eds.), *On media memory: Collective memory in a new media age*, Springer, 2011.

Nora, Pierre, *Les lieux de memoir*, 1984. Goldhammer, A.(Trans.), *Realms of memory*, New York: Columbia University Press, 1996.

Sturken, Marita, *Tourists of history: Memory, kitsch and consumerism from Okla-*

homa City to Ground Zero, Durham, NC: Duke University Press, 2007.

Van Dijk, Jan, *The network society*, London: Sage Publications, 2012.

Van Dijck, José, *Mediated memories in the digital age*, Stanford University Press, 2007.

Zelizer, Barbie, *Remembering to forget: Holocaust memory through the camera's eye*, University of Chicago Press, 1998.

2. 논문

구효정, 「유튜브 조회수의 사회 구성원 집단 몰입에 대한 영향 연구」, 고려대학교 언론대학원 석사학위논문, 2013.

김계환, 「기억으로서의 영상매체와 기억산업의 문화콘텐츠 : 중국 6세대 영화의 대항 기억을 중심으로」, 『한국문화콘텐츠학회논문지』 Vol.9 No.3, 한국문화콘텐츠학회, 2009, 163~172쪽.

김규연, 「성소수자의 복식을 통한 젠더정체성 표현」, 서울대학교 석사학위논문, 2019.

김명훈, 「기억과 기록 – 사회적 기억 구축을 위한 기록학의 역할」, 『한국기록학연구』 42, 2014, 3~35쪽.

김민정, 「가짜뉴스(fake news)에서 허위조작정보(disinformation)로」, 『미디어와 인격권』 5.2, 2019, 43~81쪽.

김병철, 「디지털 시대의 문화적 실천과 영화」, 『영화연구』 37, 2008, 37~60쪽.

김수환, 「텍스트, 흔적, 인터넷 : 디지털 매체 시대의 문화기억」, 『기호학연구』 28, 2010, 323~344쪽.

김영범, 「알박스(Maurice Halbwachs)의 기억사회학 연구」, 『사회과학연구』

Vol.6 No.3, 대구대학교사회과학연구소, 1999, 557~594쪽.

김정우, 「방송 광고의 상호텍스트성 활용양상 — 패러디 광고를 중심으로」, 『한국어학』 51, 2011, 1~29쪽.

―――, 「콘텐츠의 패러디를 통한 네티즌의 자기표현 전략」, 『인문콘텐츠』 30, 2013, 181~199쪽.

김학이, 「얀 아스만의 "문화적 기억"」, 『서양사 연구』 제33집, 한국서양사 연구회, 2005, 227~258쪽.

김한석, 「유튜브를 활용한 대중음악 홍보 전략에 관한 연구」, 단국대학교 문화예술대학원 석사학위논문, 2019.

김희정, 「대중매체로서의 디지털 매체」, 『美學』 36, 2003, 145~173쪽.

노성종 · 최지향 · 민영, 「'가짜뉴스효과'의 조건」, 『사이버 커뮤니케이션 학보』 34.4, 2017, 99~149쪽.

노창현, 「대중음악 복고 현상에서 문화 기억의 작동방식 연구」, 동국대학교 박사학위논문, 2019.

문재철, 「영화적 기억과 문화적 정체성에 대한 연구」, 중앙대학교 박사학위논문.

박세훈, 「동원된 근대 — 일제시기 경성(京城)을 통해 본 식민지 근대성」, 『한국근현대미술사학』 13, 2004, 119~149쪽.

백조연, 「한국 보수 개신교 성소수자 혐오 담론의 형성과 전개 양상」, 중앙 대학교 석사학위논문, 2018.

송화숙, 「지나간, 잊힌, 잃어버린 소리 — 음악적 복고주의의 미디어 기호 학」, 『음악과 문화』 No.36, 세계음악학회, 2017, 71~92쪽.

송효정, 「상상의 지형학, 구성되는 경성(京城)」 한국어문학국제학술포럼 학술대회, 2007, 197~210쪽.

―――, 「모던 경성(京城)과 감각의 공간」, 『한국문예비평연구』 29, 2009,

293~320쪽.

심혜련, 「디지털 매체시대의 아우라 문제에 관하여」, 『시대와 철학』 제21권, 2010.

염정윤·정세훈, 「가짜뉴스 노출과 전파에 영향을 미치는 요인」, 『한국언론학보』 63(1), 2019, 7~45쪽.

용악가, 「360° 카메라를 이용한 입체영상 제작에 관한 연구」, 중앙대학교 첨단영상대학원 석사학위논문, 2019.

윤미애, 「매체와 문화기억」, 『독일어문화권연구』 11, 2002, 38~62쪽.

윤선희, 「해방전후사, 포스트식민주의적 시각에서 본 기억 : 드라마 〈서울 1945〉를 중심으로」, 『한국언론학보』 제50권 6호, 한국언론학회, 2006, 143~170쪽.

이규탁, 「케이팝의 세계화와 디지털화 : 유튜브 반응 동영상과 커버댄스 경연대회」, 『한류비즈니스연구』 1, 2014, 73~107쪽.

이동후, 「기억의 텍스트성(textuality) : 광복절 특집 드라마」, 『프로그램/텍스트』 3호, 한국방송영상산업진흥원, 2000.

이상회, 「한국 대중음악의 예술사회학적 연구」, 『한국학』 7.5, 1984, 127~155쪽.

장민용, 『영화적 재현에 있어서 기억의 연구 : 아방가르드 영화를 중심으로』, 한양대학교 박사학위논문, 2008.

전진성, 「기억과 역사」, 『韓國史學史學報』 8, 2003, 101~140쪽.

정보라, 「유튜브 이용자들의 밈(meme) 확산활동에 관한 연구」, 고려대학교 언론대학원 석사학위논문, 2013.

정근식, 「기념관·기념일에 나타난 한국인의 8·15 기억」, 아시아평화와 역사교육연대 편, 『한중일 3국의 8·15 기억』, 역사비평사, 2005, 111~148쪽.

조민지, 「기억의 재현과 기록 기술(archival description) 담론의 새로운 방향」, 『한국기록학연구』 27, 2011, 89~118쪽.

조병철·육현승, 「빅 데이터 시대 문화기억 보존소로서의 영상 아카이브의 역할」, 『디지털융복합연구』 12.2, 2014, 1~10쪽.

조지은, 「유튜브를 통한 홍보로 인해 변형된 국내 대중음악산업 사례연구」, 한양대학교 석사학위논문, 2020.

주성지, 「역사대중화와 디지털 역사자료 – 역사소비의 변곡」, 『역사민속학』 55, 2018, 23~54쪽.

태지호, 「영상 재현을 통한 사회적 기억의 의미화에 관한 연구 : 〈독립기념관〉과 〈우리는 8·15를 어떻게 기억하는가〉(KBS)에 나타난 1945년 8월 15일의 기억을 중심으로」, 서강대학교 영상대학원 박사학위논문, 2012.

――――, 「문화기억으로서 '향수 영화'가 제시하는 재현 방식에 관한 연구」, 『한국언론학보』, 57.6, 2013, 417~440쪽.

――――, 「문화콘텐츠에 재현된 집단기억의 문화기호학적 의미 연구」, 『기호학연구』 43, 2015, 89~116쪽.

황연주, 「문화기억과 매체 그리고 비주얼 리터러시」, 『문화예술교육연구』 2.1, 2007, 19~38쪽.

Andy, Bennett and Susanne Janssen(Eds.), "Popular music, cultural memory, and heritage", *Popular music and society* Vol.39, 2016, pp.1~7.

Assmann, Aleida, "The printing press and the internet: From a culture of memory to a culture of attention", *Globalization, cultural identities, and media representations*, 2006, pp.11~23.

―――――――, "Texts, traces, trash: The changing media of cultural memory", *Representations* 56, 1996, pp.123~134.

Assmann, Jan and John Czaplicka, "Collective memory and cultural identity", *New german critique* No.65, 1995, pp.125~133.

—————————————————, "Communicative and cultural memory", in A. Erll and A. Nünning(Eds.), *Cultural memory studies: An international and interdisciplinary handbook*, Berlin: Walter de Gruyter, 2008, pp.109~118.

Castells, Manuel, "Informationalism, networks and the network society: A theoretical blueprint", Manuel Castells(Eds.), *The network society: A cross-cultural perspective*, Edward Elgar Publishing, 2004, pp.3~45.

Chun, Wendy Hui Kyong, "The enduring ephemeral, or the future is memory", *Critical Inquiry* 35(1), 2008, pp.148~171.

Derrida, Jacques, "Archive fever: A Freudian impression", *Diacritics* 25.2, 1995, pp9~63.

Donk, André, "The digitization of memory: Blessing or curse?", *A communication science perspective*, Media in Transition Conference 'MIT6: Stone and Papyrus, Storage and Transmission', April 24–26, 2009, Boston: Massachusetts Institute of Technology, 2009. pp.1~17.

Gehl, Robert, "YouTube as archive: Who will curate this digital Wunderkammer?", *International journal of cultural studies* 12.1, 2009, pp.43~60.

Halbwachs, Maurice, "La topographie légendaire des évangiles en terre sainte: Etude de mémoire collective; Les cadres soiaux de la mémoire", Coser, L.A.(Trans.), *On collective memory*, Chicago: The University of Chicago Press, 1992(Original work published 1941, 1952).

Hilderbrand, Lucas, "YouTube: Where cultural memory and copyright converge", *Film Quarterly* 61.1, 2007, pp.48~57.

Jordanoska, Trena, "YouTube extension of music memory". Култура/*Culture* 7, 2014, pp.137~150.

Keightley, Emily, "Conclusion: Making time－the social temporalities of mediated experience", *Time, media and modernity*, London: Palgrave Macmillan, 2012, pp.201~223.

Nora, Pierre, "Between memory and history: Les lieux de mémoire", *Representations issue* 26, 1989, pp.7~24.

Olick, Jeffrey, "Collective memory: The two cultures", *Sociological theory* 17.3, 1999, pp.333~348.

─────────, "From collective memory to the sociology of mnemonic practices and products", in A. Erll and A. Nünning(Eds.), *Cultural memory studies: An international and interdisciplinary handbook*, Berlin: Walter de Gruyter, 2008, pp.151~162.

Pentzold, Christian, "Digital networked media and social memory. Theoretical foundations and implications", *Aurora. Revista de Arte, Mídia e Política* 10, 2011, p.72.

Pietrobruno, Sheenagh, "YouTube and the social archiving of intangible heritage", *New media & society* 15.8, 2013, pp.1259~1276.

Rosenzweig, Rina, "Scarcity or abundance? Preserving the past in a digital era", *American historical review* 108(3), 2003.

Welzer, Harald, "Communicative memory", in A. Erll and A. Nünning(Eds), *Cultural memory studies: An international and interdisciplinary handbook*, Berlin: Walter de Gruyter, 2008.

İnce, Gökçen Başaran, "Digital culture, new media and the transformation of collective memory", *İleti-ş-im* 21, 2014, pp.9~29.

Лотман, Ю. М., "Проблема знака и знаковойсистемы и типология русскойкультуры XI−XIX векос", *Семиосфера* СПб., 2000, С.400.

3. 잡지

『매거진 B : YouTube』 83호, 2020.